天下 雜誌

觀念領先

從1%的選擇開始 去做你真正渴望的事

每天 7 分鐘的微行動，在追求中釐清優先順序，
每個選擇都能為人生加分

7分鐘行動計劃大師 艾莉森．路易斯 Allyson Lewisf 著　顏和正 譯

The 7 Minute Solution: Creating a Life With Meaning 7 Minutes at a Time

從 1% 的選擇開始，去做你真正渴望的事

前言

現在的生活是你想要的嗎？

他心怎樣思量，他為人就是怎樣。

——《聖經箴言23：7》

數千年前，睿智的所羅門王（King Solomon）寫道：「他心怎樣思量，他為人就是怎樣。」在中古世紀，科學家與哲學家都相信，靈魂存於人的心中。這種想法很有道理，當我們悲傷時，我們感到心痛；當我們渾身是勁或情緒亢奮時，我們的心也會撲通撲通地跳。

我的牧師丹・瑞夫斯（Dan Reeves）在最近一次布道中，對人類思想、心靈與生命之間的關聯，做了精闢的闡釋。在那個週日早晨，當他走上講台時，那個我們皆很熟稔的聲音，忽然漫溢在光線慢慢變暗的演講廳中。

蹦蹦……蹦蹦……。

一支播放人類心臟跳動的影片，出現在前方螢幕上。

蹦蹦……蹦蹦……。

「人類心臟的設計是依據人體所需，在剛好的時間，將剛好的血液量輸送到身體各處，充分滿足身體需求。當你休息時，心臟跳得慢一點；當你運動時，心跳速度會上升到一定程度，來滿足你的需求。你不需要刻意命令你的心臟，『現在應該跳快一點，再快一點！』但你的心臟會根據身體需求來調整運作。就像心臟一樣，你的人生也早就準備好你要的東西。」

在規律心跳聲的背景音樂中，瑞夫斯提出了一個問題，我希望你現在就能夠回答：「你對人生有何企求？**生命對你有求必應。那麼，你對人生有何企求呢？**」你是否知道自己這輩子對生命真正的企求是什麼？如果你能讓大腦發揮最好的作用，你的人生會變得多麼不同？你的營養、睡眠、學習，還有你的時間，會變得更接近你的期待嗎？**若是你想要更有意義的人生，你是否要求生命呈現出最好的一面？**

瑞夫斯拿起講台旁的一顆大石頭，持續布道。這塊髒兮兮的大土石，長約六十公分、寬約三十八公分、高約十公分，應該有十三、四公斤重。瑞夫斯提及把石頭帶進來有多困難，因為無法同時抱住石頭又開門，所以他得先放下石頭、打開門、用腳頂住門、彎腰、抱起石頭、再用背部頂住門，然後總算才有辦法進到屋內。

進入大門後，他抱著石頭走了約一百公尺，再跟另一扇門搏鬥。最後，辛苦努力到滿頭大汗後，總算才把這塊大石頭搬到講台旁，還得小心翼翼不要傷到木頭地板。在瑞夫斯描述這段過程時，他手中的這塊大石，似乎變得愈來愈重。從他緊繃的手臂線條，可以清楚看到，為了抱住這塊石頭，他幾乎用盡所有力氣。

瑞夫斯小心地把石頭放下，然後說：「我們並不適合整天抱著沉重的石頭走來走去。我已經無法感覺到手指的存在，手臂也疼痛不已。**生活中有些東西，我們就是不應該帶著走。在你的生活中，有哪些需要改變？哪些需要放下？**」

停頓了一會兒，瑞夫斯接著說：「我的身體跟力量，讓我有辦法承受這塊大石的負荷。不幸的是，就跟大多數人一樣，我不過是讓自己白忙一場而已。其實，**你的人生早就準備好你要的東西，也許該是時候問問自己到底要追求什麼了……**」

蹦蹦……蹦蹦……。

我坐在那裡，一邊聽著人類心臟跳動的聲音，心中不禁自問，**我生命中的石頭是什麼？**我緊握住哪些石頭，卻因此讓自己無法創造出更有意義的人生？更重要的是，我對人生的企求，是否足夠？

追求更多的人生，卻更窮忙

為了活得更充實、較不疲累，你必須捨棄或區隔某些東西。我知道這不容易，好消息是，就像放下一塊沉重的大石，改變能在一瞬間發生——前一刻，你還在追求世俗的成功；下一刻，你就能永久改變自己的世界。

對我來說，這個變化只需剛好七分鐘的時間。那年我四十一歲，是個職業婦女，既為人母也為人妻，但工作與家務的交互拉扯，總讓我覺得壓力很大。從這一刻到下一刻，從昨天到今天，從今年到明年，人生一眨眼就飛逝而過。

我想要更多，我不要生活只是早上醒來、趕著上班而已。我希望我的人生有意義，我想要為家人與世界帶來正面的改變。我知道我想要與眾不同，但我不知道下一步該怎麼走。

我想，你在尋找的許多東西，跟我持續尋覓的應該一樣，也許我的故事能夠觸動你的心。我有份全職工作、家裡有一對青少年要守護、有寵物要照顧、有衣服要洗，還有日復一日單調、無趣的工作。我上推特、我用臉書，我是個年近五十歲的妻子，也是個媽媽、女兒。**我正在創造一個「更多」的人生——更多的意義、成就感、重要性、目的、希望與喜樂。**

我想要有意義地成長、生活與貢獻，這本書便是這種想望的結果。這不是旅途終點，這本書講的是發生在我和其他朋友生命的點滴奇蹟。在本書，我們鼓勵你深入探索自己選擇背負了怎樣的石頭，也就是怎樣的負荷，值得嗎？

承擔這些負荷所帶來的壓力，是否讓你喘不過氣，無法體驗並享受生命中其他領域的成長？這些負荷是否對你的信念、家庭關係、健康、個人成長、創意或慷慨氣度形成限制？生活中那些不成功的事情所帶來的負擔，是否讓你在家庭、職場或社區關係中，無法發揮積極、正面、持續有效的影響力？如果是這樣，那便該是你做出轉變的時候了！

明天的你能跟今天不同，改變一次只要七分鐘就行。

每天投資七分鐘，小步前進累積大進步

所謂的七分鐘微行動計畫，就是在早上起床後，空出七分鐘思考你在今天要完成最重要的三件事。

每天有意識地選擇善用七分鐘的時間，用來挹注更有意義的人生，這樣的微行動計畫能協助你設定事情的優先順序，有條不紊地組織、簡化你的生活，讓人生過得更有意義、更有效率。實踐七分鐘的微行動計畫，並不是要你過著一次又一次的七分鐘生活，而是對如何讓生活更有意義的七大重要跡象，擁有更深入的了解。

這是個選擇，正如人生中很多事情都是選擇。當你選擇了七分鐘微行動計畫，**就是選擇在每天生活中花上七分鐘，有意識地將注意力集中在最有意義的事情上。明天的你能跟今天不同，端視你每天做出的抉擇而定**。從目前的生命狀態，移動到理想目的地的過程中，你必須推動想要成長與學習的企圖心，同時還得承認，今天便是你能夠活著呼吸的唯一機會。七分鐘微行動計畫是要你在每日生活中，持續不斷向前跨出一小步，並充分體驗當下的每一刻。

你應該要活出你的生命，而不是像個生命的旅客，坐看時間流逝。生命應該被啟發，而不是瞎混過去；人生應該過得有意義，而非庸庸碌碌。七分鐘微行動方案，已經啟發了數千人的生命，在

過去二十年來，我有幸遇到這些人，跟他們交換想法，其中有跟小孩重新建立聯繫的父親，還有重新找回婚姻樂趣的夫婦，從他們身上我們都能學到寶貴經驗。這些朋友都曾面對難以想像的困難，但他們堅毅不拔，最終仍舊戰勝逆境，對我們每個人都能有所啟發。

在接下來各章節中，你將會讀到一些故事，看到人們如何在生命垂危的環境，與日常生活的時時刻刻中，克服困難、締造成功。有些人的故事，可能跟現在的你很像，但就在一瞬間，他們卻永遠改寫了自己的生命故事。他們的生命旅程，將會激勵你為自己尋找全新的可能性，並在面臨挑戰時，仍能堅持下去。

七個問題檢視自我是否有意識的生活？

不過在啟動七分鐘微行動計畫前，我們需要先確認自己的「生命跡象」。也就是你怎麼證明自己有意識地活著，而非渾渾噩噩的混日子。

想像一下在意外現場，你是第一個到達的人，發現現場有人受傷。急救安全守則第一條，就是查看傷者是否清醒、是否有呼吸，然後繼續照顧他。你得輕搖傷者，跟他說話。如果他沒有回應，你就要觀察他的胸部是否有心跳起伏，並將手靠近他的口鼻處，檢查是否能感覺到他的呼吸。你得將手放在他的頸動脈上，感覺他的脈搏。換言之，你必須檢視他的生命跡象。

你也許身強體壯、活動自如，但這不表示你真正地活著。或許，你是在毫無自覺的狀態下，渾渾噩噩地過日子。混亂、分心、干擾、延宕、壓力、愈來愈快的生活步調與愈來愈多的要求，擠壓了生活的喜悅，在你還沒察覺之前，這些問題早已讓你喘不過氣來。如果你拿起這本書，表示你可能隱約覺得生活應該有所改變——該是醒來的時候了！要將注意力集中在對你真正有意義的事情上，現在該是檢視自己的生活狀態的時候了。

如果在你的日常生活中，缺乏這七項重要的良好生活狀態，便無法充分活出你這輩子來到世上的意義。無意義的行動，就像缺氧的心臟，即便還是能夠輸送血液，送出的東西卻不夠豐富、有益。現在，該是你大口呼吸生命的時候了！七分鐘的微行動計畫，將能協助你評估自己的生活狀態，輕輕晃動你對何謂有意義人生的認知，讓你甦醒過來。就讓我們先從自問下列問題開始。

1. **你是否清醒地生活？**生活充滿許多雜音，導致大腦陷入困境，無法過濾出真正重要的東西。第一項要檢查的重要生活狀態很簡單，便是：**你是否清楚覺知自己對生命的真正企求是什麼？生命將會對你有求必應，但首先你必須釐清自己的想法**，將想法訴諸文字，創造出一份行動方案。

2. **你有企圖心嗎？**隨著你對生活的要求愈來愈高，你會發現**目前的你跟理想中的你之間出現一道鴻溝，而企圖心是推動你努力朝目標伸展的力量**。在設定好九十天的目標後，你便能將終極目標分解成能更快達成的小目標，因此能更常體驗到成功的快感。透過九十天的目標設定，你將得以發展出一股強大的動能。以往難以克服的障礙，將會碎裂成可以跨越的小路障，讓你更常體驗到成功的滋味。一次的勝利，將帶領你締造再一次的成功。

3. 你是否持續成長與學習？人類大腦擁有無窮潛力，但大腦的運作原則是「不用就會鈍化」。持續成長與學習，能讓你不斷找到更好的新生活方式。**成長是個重要跡象，因為成長能燃起你的熱情，讓你放棄舊習慣與慣有做法。**

4. 你全心投入嗎？當你陷入日復一日的制式化習慣時，很容易就會變得精疲力盡，感覺生活索然無味，對身邊的大好良機視而不見。**刻意將精力專注於價值最高的事情上，能確保你跟最重要的人與優先要務都保持密切關係，也能讓你站上更佳位置，隨時準備好掌握任何新機會。**

5. 你經得起磨練嗎？想要做出重大改變，需要有恆心及毅力。惡習難改，即便你知道沒好處，但惡習是你慣走的老路，熟悉的舒服感會讓你一直走回頭路。**當你將自己推出舒適圈的圍牆後，你將會體驗到驚人的成長。**

6. 你處於「順流」狀態中嗎？「順流」（flow）指的是利用自己最高竿的技能，也就是你的天賦與能力，來成就最具意義的挑戰。你得將自己擁有的各種能力融會貫通，引導一切相互呼應，設法讓好事發生，以最理想的方式體驗人生。

7. 你有信仰嗎？「信仰」這個重要的生活狀態，將生命所有要素串聯起來。**有了信仰，你會追尋更美好的生命，也就是有人生目的與意義的生命，你相信這樣的生命確實存在。**信仰敦促你放大視野，伸出雙手接觸他人，讓你願意貢獻時間、精力與愛給他人。沒有信仰的人生，了無希望；有了信仰，任何事都變得可能。

你認識自己嗎？

想要改變，得從覺知自己當前的身心狀態開始。採取行動之前，花點時間問問自己重要的人生問題吧！

- 昨天，你的人生是什麼樣子？

- 今早醒來時，你有什麼感覺？

- 在人生中，你最想要的是什麼？

- 什麼讓你充滿動力？

- 想像一下九十天後的生活，你希望到時候有什麼樣的感受？有怎樣的成就？

- 你將時間及精力花在哪些對你的人生其實不那麼重要的事情上？如果你不再全心關注這些事情，會發生什麼事？

- 什麼能帶給你真正的快樂，讓你感覺更有意義？

我們每個人，都渴望人生過得更有意義，都在追求人生中重要的東西。我們希望能重拾信念，與人生目的重新建立連結。我們想知道自己來到這世上的理由，卻往往陷入日復一日的機械式生活。花點時間想想前述這些問題，可以幫助你思考自己的生活重心是否放對地方。透過回答這些問題，你等於已經踏上重新發掘自己的旅程，決定未來想要達到什麼目標，並擬定達陣的計劃。讓這些問題帶領你成為更好的自己，別再坐看生命流逝。

讓我們開始踏上這趟覺醒的旅程，喚醒你靈魂深處的善良與偉大。在那之前，我們先了解一下七分鐘微行動計畫的內涵，以及「七分鐘」的想法從何而來。

Chapter

1

從 1% 的選擇開始，改變人生

——什麼是七分鐘微行動計畫？

什麼是七分鐘微行動計畫？簡單地說，七分鐘微行動計畫是一套生活系統，讓你得以避開混亂，享受自由、有意義的生活。你將學會如何規劃日子、利用時間，也將學會如何訓練大腦，聚焦在生活最有意義的事情上。你將學到的策略，會讓你有能力做出正確抉擇，將自己打造成理想中的人，最終結果體驗到更有意義的人生。

說起來，七分鐘微行動計畫其實跟我自己的人生密切相關。大約在二十年前，我發現自己對人生有更多的期望，這跟我的信仰有關，我想要重新尋回對上帝的信仰，我想認識祂，讓生命反映出我跟祂的關係。我想要靈魂重新活過來，我要在每個嶄新的一天中，都能感受到心跳興奮的悸動。我想要渾身充滿活力，因為我的生活與我服膺的價值觀合而為一。我想要接受挑戰，讓自己在智識上不斷學習與成長。

自此之後，我逐漸發掘真正的自己，了解哪些東西對我更有意義。我在這趟旅程中，發現了七分鐘微行動的原則，這令我了解到一件事，那就是對我來說，意義不光僅是來自於自我發現或個人發展，也來自於周遭人們的需求，以及我自己想幫助他們成長、活出豐富生命的欲望。

自一九九三年起，我已經教導數千人關於時間管理的原則，從金融服務業的主管、藥廠業務經理、醫院資深主任，到非營利組織領導人與大學生等，有男有女，各年齡層在內。七分鐘微行動計畫奠基於一套立論扎實的架構，擁有實用的工具。多年來，不同年齡層的人們，不斷使用這些工具，使得它們的發展更加完善。如你所想的，許多觀念一開始乃是以協助人們改善時間管理技巧為出發點，但這套微行動計畫的重點，不光在於讓效率更精進或生產力更高，它的真正目標是協助你活出充滿意義、目的與效率的人生。**一旦從混亂的生活狀態中解脫出來，人們忽然在一夕之間就有辦法去追夢，體驗生命的喜悅，重新找回生活的興奮感。**

時間一直是我們生命體驗中的不變要素，影響我們跟工作、家庭與自己的關係。**為了體驗人生的不同層次，你必須做出抉擇，每天給自己更多的自由時間。時間管理不是要你做更多事；相反地，時間管理是要你做生命中最有意義的事。**

為什麼是七分鐘？

你的注意力可以維持多長的時間？在我第一本關於時間管理的著作《七分鐘的差異：從小步驟到大改變》（*The Seven Minute Difference: Small Steps to Big Changes*），我提到好幾份研究指出，因為看電視的關係，美國成人的注意力，平均只能維持七分鐘。現在，電視人口已經跨越好幾個世代，許多人都是看電視長大的。根據二〇〇九年尼爾森公司（Nielsen）的一份調查報告指出，美國人每個月平均收看一百五十三個小時的電視，也就是每天超過五小時。看電視時間這麼長，加上電視節目七分鐘就被廣告打斷的模式不斷重複，我們的注意集中度因此受到影響，也就一點都不令人意外。這個短到只有七分鐘的注意力，隨後不斷有廣告干擾，讓我們一次次陷入難以長時間專注的困境。

但注意力不集中的問題，電視只是部分原因而已；事實上，在此刻就有上百萬件事，同時競爭著你的注意力，比方說，手上要開會討論的專案、桌上那疊文件，還有餓到咕嚕叫的肚子等。然而，大腦能力有限，無法處理這一切訊息。為了因應這些狀況，大腦不斷從一件事跳到另一件事，結果便顯而易見：專案進度落後、心中有股無法言喻的渴望感、社交關係沒有受到照顧、目標未達成。

為了體驗有意義的人生，你必須有意識地選擇，選擇每一刻要將注意力放在哪裡。你選擇聚焦的內容，決定你能享受到多大的成就感、效率與成功。可惜的是，我們多數人都汲汲營營於生活，以致未能花時間來釐清價值觀、優先要務與目標。由於這些關鍵生活要素未能確定，我們陷入泥沼，生活支離破碎，總是無法感到滿意。這本書引導你釐清自己真正渴望的生活方式，幫助你學會如何透過自己服膺的價值觀、確認好的優先要務、設定清楚的個人目標，來過濾你的選擇，好讓你得以專注生活，將每一刻都活得淋漓盡致。

該怎麼做，才能提升專注力？強力聚焦於能改善生命的計劃與活動上？我相信，你可以在七分鐘內大步跨出，因為在日常生活中採取的微小行動，都能涓流成川，改變人生的方向。我將這些小行動稱為「七分鐘微行動計畫」（the 7 Minute Microactions），你會發現這些微行動既簡單，又具備改變生命的能力。

小改變，大力量

生命是由一連串小作為、小選擇與小決定所組成，我將這些元素稱為「微行動」。微行動很重要，因為微行動讓我們向前行；它們是起跑點，是停滯或前進的分水嶺。微行動有加乘效果，如果你採取了一項微行動，例如回電話以協助完成一項專案，**表面上看起來雖然似乎微不足道，但隨著時間流轉，一連串有心推動的微行動，將會彙整成一個轉捩點。**微行動因為分量小，所以不會讓你喘不過氣來，比較容易辦到。

七分鐘微行動計畫如此簡單，以致人們忽略它們的效用，但它們可是造成平庸或優秀的關鍵因素。以我個人的經驗為例，我用簡短文字寫下我追求的人生目的，光是這項微行動，就讓我的個人與職場生活出現重大轉變。不過，微行動可以有很多不同的型態，包括：

- 規劃每天的待辦事項。
- 感謝同事的工作好表現。
- 在會議空檔，找到時間來整理思緒。
- 準時或提早到達會議。
- 每週寫兩封感謝函。
- 每次讀十頁的書。
- 提早十五分鐘起床。

- 吃更多水果。
- 喝更多水。

當這些微行動成為日常生活習慣時，它們的潛力就會進一步被激發出來，幫助我們成長，大幅提升工作與家庭生活的效率。微行動是每天都能採取的小步驟，正由於如此簡單就能做到，只要專注實踐微行動幾天，便能立竿見影、看到成效。

讓我們來看看我朋友約翰・亞諾德（John Arnold）落實微行動的精彩案例，僅在四十天內，他就成功掃除了生活中的混亂，以及過度無當的一切，而他只不過是採取了一項微行動而已。簡單地說，在這四十天當中，亞諾德每天都會將不再需要的東西，放進一只購物袋中，然後幫這些東西找個新家，或是拿去丟掉。結果是，他將屋內、辦公室、車庫與兩台車內的所有空間，徹底清得乾乾淨淨。

微行動為亞諾德創造的，不僅是實體的轉捩點，讓他的生活環境更整齊、有序，還為他帶來心理的轉捩點，讓他以全新心態來看待物質的東西。亞諾德說：「我學到一件事，那就是我擁有的一切東西，都佔據我生命的一小部分。我跟物質東西之間的關係徹底改變了！現在，我對生活中可以容忍的雜亂程度有基本底線。以前你如果告訴我，我可以在四十天內全部整理好家裡與辦公室，我絕對不會相信你。但是，一次整理一袋東西，可就容易多了！」

微行動已經改變我的人生，它們也能協助你改變你的人生。在這本書裡，我會更深入介紹這些改變生活的力量，我們需要利用工具來好好掌控注意力，將注意力帶回當下的時刻。你可能早就已經利用許多工具，協助自己專注於手頭上的任務，這些工具可能包括：

- 紙本行事曆。
- 電子行事曆。
- 智慧型手機。
- 手寫待辦清單。
- 便利貼。
- 語音提醒。
- 電子郵件提示功能。
- 戴在手腕上的橡皮圈，提醒自己不要忘記某件事。

這些東西，都是你的「周邊大腦」，協助你的大腦捕捉、儲存訊息，讓你記得需要完成的任務。我們的大腦似乎總是以飛速運轉，導致我們在生活體驗到的是一波接一波的混亂，而非有條不紊、依序發展的事件，這讓我們難以招架。於是，你試圖依賴一些工具，想在混亂生活中重建秩序；畢竟，身為人類的我們，都有尋求簡單與秩序的天性。

不幸的是，若是缺少一套能讓這些資訊變得井井有條、容易理解的生活系統，這些工具其實是抑制、而非提升你的效率。當下列這些狀況出現，你就知道目前使用的工具與系統並未奏效：

- 電子信箱總是爆滿。
- 你找不到寫有重要客戶電話號碼的便利貼。
- 你寫好的待辦清單不見了！而新待辦清單的第一項，就是再想一次舊待辦事項有哪些。
- 看到行事曆上的約會，就讓你在心裡喊苦，因為你寧可將時間花在完全不同的事情上。

如果你現在的「周邊大腦」無法發揮成效，你並不需要更多的時間管理工具與系統，你需要的是一套生活系統、一套解決方案，而這就是這本書的目的。本書將帶領你有意識地選擇利用時間的方式，協助你重新找回對想法與注意力的主控權，讓自己能專注在真正重要的事情上。我的目標並非教你如何提高生產力——誰想要在令人失望的生活中，變得更有效率，結果只是更忙碌不堪又充滿壓力？絕對沒人願意這樣過生活！本書希望你學會如何利用時間、精神與腦力，真正實現理想中的自己，如此才能體驗到心中渴求的人生。

開啟新的道路，通往更好的生活

人類大腦奇妙無比，不僅能變通，也擁有巨大的學習潛力；以科學用語來說，這種能力就叫做

「神經可塑性」（neuroplasticity），意思是說大腦具備「可塑性」，可以改變。神經可塑性是指因為你的經驗、思想、行動與重複行為之故，大腦有能力創造全新的神經連結，並能自行重新連線，也就是所謂的「大腦分區圖重組」（cortical remapping）。

讓我們來看看一個日常生活中的神經可塑性例子，開車就是這樣一個絕佳案例。我女兒今年十五歲，很快就要學開車。當她開始這個學習過程時，她得小心翼翼費神學習每個動作。即便是最簡單的步驟，她都必須有意識地來思考：如何旋轉鑰匙來啟動車子、如何倒車、如何看後照鏡。在她第一次上路時，壓力化學物質湧入她的血液中，每個決定都讓她感到緊張萬分。但一旦開了幾小時後，因為大腦很快學會新概念，她就不必再去想該如何啟動車子——新的心理連結已經形成。我女兒學開車幾天後，刺激感仍舊存在，但壓力化學作用卻開始慢慢消退，取而代之的是帶來成就感與自信心的全新化學作用。

神經可塑性能讓這樣的體驗，發生在幾乎生命的每個領域——這是這本書的關鍵概念之一。我們有能力透過有意識地選擇要做的事，來重新讓大腦連線。如果你想成為厲害的高爾夫球員，那就多打高爾夫球。如果你想要有更棒的身材，那就多運動。如果你想成為更善良的人，那就更經常展現仁慈心。大腦會針對你的專注度按比例做出回應，大腦有可塑性、能變通，所以你能打造出新連結，來彌補失去的連結。舉例來說，有些老人家因中風失去走路與說話的能力後，仍能透過密集復健，重新找回部分或全部失去的能力。即便大腦某個部分已經受損，其餘細胞仍能自己重新連線，彌補受到的損傷。

據估計，每天通過你潛意識的想法，平均高達七萬個。每個想法與動作，都會形塑出神經連結的力量與連結性。大腦約由一千億個神經元（neuron）所組成，是史上最厲害的資訊處理器，每秒處理的資訊高達數百萬件。在受到刺激後的千分之一秒中，化學物質與電子傳導作用，就會順著大腦內神經迴路的連結通道衝出去。這些神經元或通道的效率與力量，讓你得以思考、計劃、創造與執行新點子。

心理學家丹・霍姆斯博士（Dan Holmes）利用一個簡單的類比，來描述神經通道的形成方式：「我是個農家小孩，我們有個農莊，原野上的牛群總是走在同樣的路上，我們把這些鄉間小路稱為『牛徑』。牛群走到把草都踏平了，結果草地消失了，路上只有塵土。但原來的情況並非如此，這些小徑之所以形成，是因為牛群持續不斷的行為，所創造出的模式。同樣的狀況也發生在我們的大腦中，我們處理事情的模式，一部分便是重複行為所形成的。」

你的大腦此刻便仰賴你養成的習慣與做法——也就是「牛徑」，好讓生活簡單些。有些習慣對你有好處，如每天早上都刷牙；有些習慣則不然，如做事延宕不決、三心二意。但是，你可以透過重複會支持你目標與夢想的行為，來訓練自己的大腦，發展出全新的神經通道；換言之，你可以培養出新的習慣。回到牛群的比喻上，如果你將牛群趕到一條新的路上，只要在幾天內，你就能看到原野上出現變化。九十天內，牛群不斷行走的地方，就會出現一條痕跡清楚的小徑。

愈是經常重複新行為，新通道就會變得更為穩固、清楚。**大腦其實能根據你多數時間的想法與行動，來改變形狀與結構，而舊的通道——也就是壞習慣，一旦不再用時，就會自然消滅。**

想像九十天後，一個更好的你

七分鐘微行動計畫以九十天為基礎，這有兩個理由。第一，生命週期循環生生不息，會根據固定的節奏前進。自然本身的起始，就是九十天為一期，冬、春、夏、秋四季遞嬗，周而復始。四季各自不同，都會帶來新契機。在這個基礎上，你知道每九十天就要重新開始，並能夠因應全新挑戰。第二個理由，則是基於非常務實的考量——你需要一段便於管理的時間，才能看到生命中真正的改變結果。一週太短，一年又顯得有點漫長，沒人想等了整整一年，才能看到結果。

改變需要承諾，如果你希望從現在起九十天內，能夠改頭換面，你就必須採行本書的做法。本書包括許多清單與工具供你運用，可以改善你的管理技能，但光是靠這些清單、工具與想法，並無法改變你的生活。回想看看，你留下多少沒有檢查過的清單？**唯有透過落實新策略，你才能改變人生，而落實這些想法需要練習，重複練習是改變行為的關鍵。**若是想從本書得到最大收穫，我鼓勵你對自己許下承諾，連續九十天使用這些工具，實踐這些策略。

我鼓勵你為自己投資一點時間，做一下本書的練習，展開你的變革之旅。你有多久沒有好好花時間，反思自己的人生？近來，你是否曾思考過自己的價值觀，想著重新排定優先順序？你是否優先處理最重要的事？你是否寫下自己的目標，據此做為日常生活釐清決策的方針？你是否曾設定過九十天的目標，列出每日應達成的具體行動？你了解阻礙自己成為理想樣子的原因嗎？你對明天的作息有任何規劃嗎？開始規劃，活出更有意義的人生吧！**可能你會覺得自己並沒有時間，但是沒有規劃就去做，到頭來反而會讓你賠上更多時間，甚至賠上人生，因為你的日子都浪費在沒有意義的事情上面。**

別浪費你的人生。我相信每年撥出四天、每九十天花上一天，來從長計議你的人生是很有價值的。你可以認真準備，寫出一份行動大綱，來確認自己追求的理想人生。你可以將最重要的事情設為計劃中心，環繞這個中心活出有目標、有意義的人生。當你擁有非常明確的計劃時，就能有效選擇如何投資手上最重要的資產，也就是你的時間。

你是否準備好活出有目標、有意義的人生？現在該是檢視自己重要生活狀態的時候了。就如同你對意外受傷者會做的事一樣，我們也從最基本的原則開始：你是否全然清醒？

Chapter

2

你把時間用在哪裡？

——一天一個微行動，啟動人生正向連結

蹦蹦……蹦蹦。

你的心在跳，但是你真的在體驗人生嗎？每天早上醒來，你是否會感到期待、興奮？或者你只是日復一日虛度人生，捲入混亂與困惑的漩渦中，生活充滿干擾、分心的雜務？

我四十一歲那年，體重過重，身材走樣。忙碌的日子，行程塞得滿滿，但卻毫無建樹。我很疲倦，真的，非常疲倦。我雖然熱愛我的工作，但同樣工作做了二十年後，我覺得自己被徹底掏空，身心俱疲。在我的內心深處，有股騷動啃食著我，我想要更多，卻不太知道所謂「更多」所指為何，我也不知道該怎麼辦。

那個週日早上，當我看到黛比在教堂中朝我走來，在她還未開口前，我就知道有事發生了。她把手搭在我的手臂上，彷彿是要安慰我，跟我說：「我得了癌症。」她停了一會兒，讓思緒沉澱一下，接著說：「大腸癌第四期，我只剩下六個月的生命。」她的話像閃電一樣，從頭到腳流竄在我的體內，讓我震撼不已。

「我得了癌症。」五個字，五個可怕的字。這幾個字如此用力打擊著我，讓我下意識想逃離，但基於保護朋友的本能，我克服這股衝動，緊緊抱住她，我們兩人都哭了。那天晚上在家裡，我試著回想我的人生在這天之前的模樣。我的腦袋一片空白，彷彿什麼都不存在。**當下我就知道了，我只是一直存在，並非真正地活著。我在呼吸，但我沒有感覺。**

我替朋友感到難過，這股悲傷徹底包圍了我。我竟然讓生命就這樣從身邊流逝，我因此感到罪惡不已。我必須覺醒了！這股強大的需求撼動了我，我愈來愈覺得自己有讓生命活得精彩的責任。黛比這句短短五個字的話，在我眼前的生命沙洲上，刻畫出一條界線。我知道自己得做出抉擇——我可以選擇持續毫無意識地生活，或者選擇醒過來。

終點無法預期

二〇〇一年八月，我採取了第一個步驟：覺醒。我承認必須改變，但我不知道該往何處走，或者該找誰幫助。不到兩週的時間，另一件令人覺醒的事件撼動了我的世界，也許也震撼了你的世界，那就是九一一事件，對我一個年輕同事來說，這起事件強力震撼了他，讓他忽然間看清生命的本質。當時二十二歲的亞當正在受訓，想要成為理財顧問，訓練內容包括在紐約市的三週課程。九一一那天早上，他來到世貿中心南塔的辦公室。就像其他人一樣，當大家在早上八點四十六分聽到飛機撞上世貿中心北塔的騷亂後，他感到擔憂且困惑。但警衛跟大家保證，南塔沒有問題，並不需要疏散。

在九點〇二分，亞當緊貼著六十一層樓的窗戶，向外觀察紐約的天際線。一個強力的爆炸忽然撼動整棟大樓，一股難以置信的雜音在空氣中嗡嗡作響，碎裂物開始從天花板上掉下來。亞當並未停下來詢問發生了什麼事，生存的本能自然啟動，他知道自己必須逃命。

亞當是阿肯色州立大學（Arkansas State University）的田徑隊員，在人群開始湧入塞爆的四十四樓樓梯間，他已經跑下了十六層樓。由於忽然陷入人群中，他下樓的速度慢了下來。這個關鍵時刻的重要性滿溢在空氣中，亞當跟其他人都盡速移動，心裡的目標一致：逃出去，就是現在！到了第十六樓，亞當注意到牆上出現大裂縫。少數人的手機可以收到訊號，兩架飛機撞上世貿中心雙塔的消息，逐漸從一人傳給另一人。

在亞當奔馳下樓時，我在辦公室安全地關注恐怖攻擊的新聞。他的父母打電話來問，想要知道兒子是生是死，但我們卻無法做出任何保證。我的同事跟我抱在一起，淚水安靜地流下，並在心中默默祈禱，希望我們的朋友能安全逃離大樓。在九點五十八分，我看到南塔嚴重向右傾斜，然後在一團可怕的灰色煙霧中消失不見。我的頭埋入手掌中，不住地啜泣。

亞當花了四十五分鐘，才逃離南塔。他走了約六個街口後，看到幾分鐘前他還身處其中的大樓，朝一邊傾斜倒塌。他跟其他數百人，一起沉默地站在馬路中間，聽著大樓一層接一層傾倒的可怕聲音。轟……轟……轟……。亞當安全活下來了，他知道，他的人生從此再也不同。

亞當說：「當我在世貿中心往下跑時，每跨出一步，我想到的不是自己，而是我的父母。我感受到他們的愛與禱告，自此之後，我對人生更大的覺醒是，生活不是只關乎我自己而已。無論我做什麼工作——現在我最重要的角色，是當一個愛家的丈夫，一個跟小孩坐在地上一起玩的父親。**多數人都不清楚，什麼對他們的生命最重要。**」直到今日，亞當的生活仍持續回應這個更大的覺醒，他在事業上相當成功，心存感激地過著生活。他相信自己之所以來到這個世上，是為了服務他人：他的家人、他的社群與上帝。「生活不是只關乎我自己而已」，亞當的人生，反映出他了解時間稍縱即逝，多麼可貴。

每一天，你都有選擇

二〇〇一年八月底，我朋友黛比聽到了那五個可怕的字：「妳得了癌症。」不到兩週內，我的年輕同事亞當，從九一一事件的發生地點死裡逃生。這兩樁事件，是敲醒我的暮鼓晨鐘。我腦裡有股聲音大聲喊叫：「艾莉森，今天可能就是妳僅有的一切。妳必須覺醒過來！活出生命的意義。難道妳不知道人生還有更多東西嗎？難道妳看不到？」在我成人之後，頭一次我看到了。我清楚看到，人生還有更多值得探索的地方。我想要活出有意義、有目的的生命，我想要在全然不同的全新境界中，重新參與生命。

我想要搖醒我的心、我的腦、我的身體與我的靈魂。我想要感覺自己再度活過來。我想要大口呼吸生命的精華。難道還要更多悲劇，才能讓我覺醒嗎？我的朋友黛比正在逐漸死亡，我的朋友亞當則還活著，但他們兩人都比以前活得更加完整。該是讓自己擺脫恐懼與遺憾的時候了！也該是用全新方式擁抱生命，帶著信仰、希望與愛來生活的時候了。

再也沒有藉口，現在就是時候，每一天你都有個選擇。黛比的診斷結果，在我的生命沙洲上畫上一條界線。翻開這本書的此刻，就是你生命沙洲上的那條線。你是否要讓生命持續從身邊流逝而去？明早起床、親吻小孩說再見，然後工作八、九個小時，再跳上車回家，在家裡虛度幾個不值一提的小時——**你選擇這樣麻木生活，對生命中一切可能的美好事物，全然毫無知覺？**

你在這世上的壽命，可能會超過八十多歲，如何選擇利用時間，是決定你能否經歷有意義人生的最重要因素之一。我已經選擇不要讓生命從身邊白白流逝。我已經醒來，知道每天做出的選擇，都會決定我將體驗到的生活品質。一刻接一刻，我都一直選擇要活出有意義的生活。你選擇如何利用你的時間呢？

Chapter

3

七個問題，聚焦人生最重要的事

——讓每個選擇都為人生加分

亞當與黛比面臨的事件，改變了他們的人生，幫助他們快速重新界定生命中的輕重緩急。但你不一定得靠危機，才能釐清這件事。生命是個演進過程，你通常不可能一下子就從渾渾噩噩進入全然覺知的狀態。為了覺醒，我們必須學習如何專心、集中注意力。

注意力是大腦的一種能力，讓你有意識地選擇在任何特定時間看到什麼事物。大腦處理訊息的速度相當驚人，腦內約有一千億個神經元，每個細胞都不斷與周邊細胞進行溝通。宇宙中的星星數量，大約也是如此多，但星星卻無法彼此溝通——這應該能讓你了解這個數字的意義了。透過聽、看、聞、摸、嚐等五感經驗與情感體驗，這一千億個神經元，每天、每分鐘都在處理著數百萬個資訊。注意力讓大腦能將這些看似隨機的片段訊息組合在一起，變成你所體驗到的事實。注意力讓我們能見到我們想看到的東西，聽到我們想聽見的聲音；注意力讓大腦能穿透混沌紊亂，僅專注在你認為重要的事物上。

注意力的定義

在出版於一八九〇年的《心理學原理》（*The Principles of Psychology*）這本教科書中，威廉・詹姆士（William James）是這樣解釋注意力的：

> 數個物件或一連串思緒，看似同時以清楚、強烈的形式，佔據一個人的心智。目光

> 集中與意識專注乃是其本質。注意力意味著將自己從某些事情中抽離出來，以俾有效處理其他事情。注意力這種狀況，剛好就是困惑、頭昏腦脹、丟三落四，也就是法文所謂「分心」（distraction）的真實對照。

我們來解析一下這個定義，先從心智被占領的觀念說起。上一回生活中有件事占領你的腦袋，是多久以前的事？上一次你被情感全面席捲，又是多久以前呢？

懂得如何駕馭注意力，便能讓自己覺醒，展開發現生命意義的旅程。注意力能讓你有力量在每天做出小決定，朝向更豐富、更有意義的生活前進。上回有件事徹底占領你的腦袋，是什麼時候的事？情感能大幅影響注意力的威力與深度。

前述詹姆士對注意力的定義，以下列這句話為結尾：「注意力這種狀況，剛好就是困惑、頭昏腦脹、丟三落四，也就是法文中所謂『分心』的真實對照。」「分心」（distraction）這個英文單字，來自一種古老的虐刑。想像一下，敵人將你的左腿跟一匹馬綁在一起，再將右腿跟另一匹馬綁在一起，然後拍打兩匹馬的側身，讓牠們朝不同方式狂奔而去，讓你撕裂、一命嗚呼。

再試試看這個：站著將手臂與拳頭高舉過頭，雙腳張開與肩同寬。想像一下，如果許多力道從不同方向拉扯你的話，會是什麼感覺？你是否過著像這樣的生活呢？分心，從許多不同方向被拉扯。被你的工作拉扯？被想要滿足家裡的期望拉扯？當你如此被拉扯時，根本無法朝任何目標向前跨出一步。

專注還不夠，如何延續？

你的專注度高嗎？我們每天得過濾、處理的資訊，數量多到讓你驚訝吧？為了協助你改善注意力，下列這個小祕訣將告訴你，如何將注意力延續時間延伸到最大。

注意力有三種型態：集中的注意力、延續的注意力、分散的注意力。集中的注意力效果短暫，每當有件事讓你感到震驚時，你體驗到的就是集中的注意力。有可能是餐廳侍者摔破盤子，你的手機在會議中忽然響起，或是忽然出現的敲門聲等。這種注意力通常持續不到八秒鐘，一旦事件結束時，你便會將注意力放回原先的事情上。

延續的注意力，則是七分鐘微行動計畫將協助你改善的注意力類型。要讓注意力延續下去，需要在一段長時間內，徹底專心一致，把焦點全部集中在單一任務上，不受到干擾。延續的注意力被稱為所謂的思考，當你排除雜念，全心聚焦於手上的任務時，就是有了延續的注意力。專注完成任務，會創造出一種情感回饋。**當你成功摒除分心狀況，即便只是完成一件簡單任務，你的身心都能接收到一種化學物質的獎賞回饋，這種化學物質稱為「腦內啡」（endorphin），能讓你享受到一種幸福感。**

第三種注意力，是所謂的分散的注意力，在現代職場上常被稱為「同步多工」

（multitasking）。但事實上，同步多工並不存在，實際是人們轉換手中執行的任務，分散注意力。人類大腦有意識處理工作的能力有限，一次僅能將注意力集中在一件事情上，這是我們身為人類的侷限性。如果我現在要求你將右手放在頭上，你要繼續專心讀完下列句子就有困難。你的大腦將會暫停閱讀一毫秒，轉而思考該用哪部分肌肉來移動右臂，好將手放在頭上。在下一毫秒中，你的大腦會讓眼睛重新聚焦在這頁上，持續閱讀。

那麼，轉移任務的問題何在？答案是：分散的注意力將會消耗更多心力。快速轉換於不同任務之間，你必須稍微重複每個任務，才能重新回復到先前的地方。因此，**分散的注意力不會讓你體內充滿腦內啡，反而會灌注腎上腺素與壓力荷爾蒙到你體內**。當你全神貫注進行一項專案卻忽然被打斷時，你可能需要耗費多達二十分鐘的時間，才能回到正確的心理狀態。

想想你平常如何度過一天？在一般工作日中，你平均會被打斷幾次？電話、簡訊、電子郵件，還有神色言語等的每個觀察，都會讓你分心。當你心理準備好展開一項新任務時，心思卻開始遊蕩，你在心中自問：「臉書上不曉得有沒有新動態？我想看一下網站，一下就好。」你的注意力就這樣不見了！即便很多研究指出，成人的注意力平均一次可以維持七分鐘，但我相信一旦了解集中注意力的重要性，你將能改善思考力。

我常常在想，為何我能夠集中注意力，完全投入一部兩小時的電影中，有時卻似乎無法集中注意力，完成我已經重新開始過好幾次的專案。喬・哈迪博士（Joe Hardy）是魯摩思實驗室（Lumos

你現在的生活，是否像個混亂的漩渦？

Labs）的資深研發主任，該公司設計開發電腦軟體，改善人類的注意力、記憶力與認知速度。我曾向哈迪博士請教注意力延續的平均時間，他指出注意力乃是一個人注意力資源的動態分配狀態，是你在一段動態時間內，如何選擇、處理特定資訊的方式。

哈迪博士表示：「一個人的注意力，能夠維持多久的時間？我不確定這是否有正確答案。也許，我們應該要這樣問：『當我們在執行一項特定任務時，績效會隨著時間如何變化？』追根究底，我們的『注意力資源』會隨著時間振盪變化，注意力集中度會起伏不定。這不只是因為人們集中注意力的能力有限，也是因為你的壓力水平、飲食、睡眠，甚至你對這件事是否感到無聊，都會有所影響。好消息是，科學界逐漸發現多種不同方式訓練大腦，協助你強化注意力的延續性、記憶力與專注度。」

生活總是充滿了許多混亂與讓人分心的事物，如同右頁這張圖一樣。混亂漩渦圍繞著你一直打轉，想像你在中心會是怎樣的狀況。我們對生命美好事物毫無知覺的原因之一，就是因為得因應太多東西，因此分心，不斷受到干擾。這種資訊轟炸，透過我們的視覺、聽覺、嗅覺、觸覺與味覺等五感，滲透到我們的潛意識中，然後穿透到我們有意識的大腦。當你尚未決定哪件事最重要前，一切都看似非常重要。你不知道該將注意力聚焦在哪，結果你總覺得被壓力壓得喘不過氣，迷失在一堆讓人分心的事物中。

如果你能提升注意力，便能更有效判斷事情的輕重緩急，有條不紊地組織、簡化你的家庭與工作生活。我們都能學會提升注意力，這項技能有助於你在一團混亂中釐清頭緒。但光是了解注意力如何運作還不夠，你必須開始在每天的生活中，選擇採取小步驟向前進。

你的娛樂能讓自己確實放鬆嗎？

美國人每天看五小時的電視，如果我們有那麼多時間看電視，怎能說自己時間不夠？也許你沒有看那麼多電視，但如果無法集中注意力，你浪費的時間可能還是一樣多。在我發掘什麼事對我的人生最重要的過程中，我決定列出一張清單，寫下我知道真正能改善注意力的做法，如下：

1. 我需要充足的睡眠，日子才能過得最有效率。

排序、聚焦、行動，就會看到不同

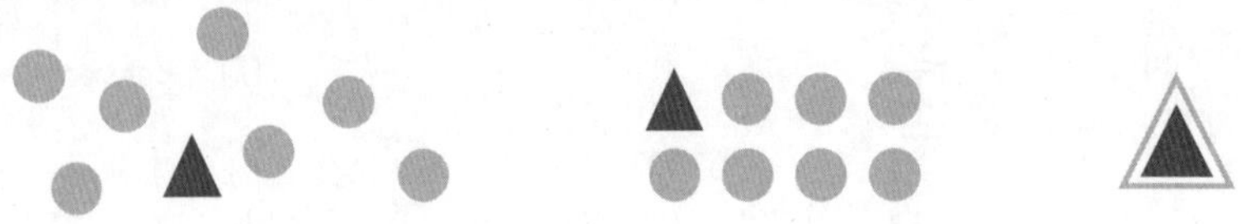

排序　組織　簡化

2. 我必須吃有營養的食物，讓身體在最佳狀態運作。
3. 我必須保持積極、活躍，獲得身心所需的能量。
4. 我必須用高品質的訊息，來挑戰自己的心智。
5. 我無法在一天之內完成所有事情。
6. 身心混亂會延遲我的進展，讓我感到不快樂。
7. 生命短暫即逝。
8. 我想要簡單、有秩序，不要混亂與分心。

這八件事是我的脈搏，但當我太過忙碌時，我很容易就會忘記這些事。這八件事提醒我保持在人生的正道上，如果人生是條道路，這些真相就是我的羅盤。我必須定期檢查我的脈搏，確保自己不光僅是隨波逐流，一天過一天。為了從渾渾噩噩變成有意識地覺醒，我們必須走上正確的道路。

當你準備好從多數人每天體驗的忙亂生活中走出來時，第一步就是要釐清事情的輕重緩急，有條不紊地組織、簡化你的生活。第一個應用方法，便是從了解什麼對你是最重要的事情開始做起。

什麼是你人生中最重要的事？

在右頁圖表中，最左邊的幾個小圓圈，代表每天進入你生活中的數百萬個訊息。你必須選擇依重要性來篩選訊息，你決定將注意力放在哪些事情上呢？**你的選擇，決定了你會變成怎樣的人，以及你將體驗到什麼樣的生活**。不同的人，珍視生活中的不同面向。知道自己重視什麼，將協助你創造出理想的生活。你服膺的基本價值觀，往往是你的人格與理想生活體驗的延伸。

左頁這張清單，列出了七十五個價值觀，這些都是很基本的價值觀，包括愛、友誼、自由、學習、影響他人、歡笑等。即使只是閱讀這些詞彙，大腦都會立刻感受到情感波動。當你看到「愛」這個字時，你會感受到愛在腦海中一閃而過的感覺。當你讀到「友誼」時，數百萬個快樂回憶，會立即閃過你潛意識的神經迴路，讓你感受到跟友誼有關的情感，比方說連結、關懷與同情心等。每個詞彙都帶著一股情感與能量，這些價值觀是讓我們生命發光發熱的燃料。

我建議你用四個步驟，完成這項小練習。

- **步驟一：**快速檢視這三欄，讓這些字打開你的眼睛，明白自己服膺的價值觀的重要性。
- **步驟二：**將每一項看過兩遍，確認每個價值觀對你的意義。然後，根據你的第一印象，把對你個人最有意義的價值觀打個勾。給自己時間好好進行這個步驟，先不用將打勾的項目排序，也許第一輪會選出十五到二十五個價值觀。當你檢視清單時，請想想這些詞彙給你的感覺。
- **步驟三：**這是第三次檢視清單，請縮小範圍，選出最重要的項目。當然，這些價值觀都很重

勾選你的價值觀

排名 √	排名 √	排名 √
□ 愛	□ 信仰	□ 家人
□ 友誼	□ 改變	□ 服務他人
□ 成就	□ 仁慈	□ 領導他人
□ 興奮	□ 誠信	□ 獨處
□ 藝術	□ 平衡	□ 時間
□ 社群	□ 歡笑	□ 誠實
□ 快樂	□ 影響他人	□ 知識
□ 安全感	□ 憐憫心	□ 被認同
□ 有意義的工作	□ 金錢	□ 貢獻
□ 幫助他人	□ 自然	□ 啟發
□ 選擇	□ 分享	□ 愉悅
□ 自由	□ 能力	□ 健康
□ 親密關係	□ 喜悅	□ 自尊
□ 成功	□ 有效率	□ 教導
□ 冒險	□ 成長	□ 穩定
□ 獨立	□ 冒險	□ 專業能力
□ 權力	□ 和平	□ 旅行
□ 學習	□ 正直	□ 連結
□ 樂趣	□ 有創意	□ 休閒娛樂
□ 熱情	□ 歸屬感	□ 創造改變
□ 舒適	□ 進步	□ 有競爭力
□ 信任	□ 關係	□ 擁有財務保障
□ 秩序	□ 才智	□ 果決
□ 發揮全部潛力	□ 傑出	□ 承擔風險
□ 智慧	□ 傳統	□ 名留青史

要，你可能還會想加入一些不在清單上的價值觀。

- **步驟四：**最後一次檢視清單，目標是選出前十大價值觀，然後進行排序。

如果你不解為何需要四個步驟，我可以告訴你這是刻意的，而且非常重要。還記得神經可塑性嗎？你的大腦是可塑的，但改變需要重複行為，一項活動重複愈多次，神經連結的力道就變得愈強。步驟一，你閱讀這張清單時，你會開始創造出跟快樂與期望有關的一點點連結。當你閱讀有意義、有價值的詞彙時，光是快速瀏覽，就會讓你在某種程度上感到更舒服。步驟二，當你檢視清單時，你其實得花費一些心理努力，才能細讀每個字。當你這樣閱讀時，它們會讓你產生更好的感覺。步驟三，當你勾選對自己重要的價值觀時，你其實是在心中對自己許諾：「是的！這些東西對我真的很重要。」步驟四，你知道如果能花更多時間，專注在真正重要的優先要務上時，你的人生將有更高成就，你會因此開始感到興奮不已。這些個人價值，都是你在生活中最珍視的東西，是你的驅動力。

每隔九十天，我會找時間讓自己獨處，重新走一次這個流程。讓價值觀在內心與靈魂中沉澱下來時，我馬上就能看到偉大意義的可能性。當我允許自己從嘈雜生活中後退一步，將注意力集中在我剛才說過對自己很重要的東西上面時，我都會感受到這麼做有多麼重要。當我大聲朗讀清單時，一股希望感在我心中湧現。但另一股質疑的聲音也幾乎同時浮現：「喔，艾莉森，看看行事曆吧！妳每天、每週與每個月排定的工作，是否符合妳剛才所說最重要的事呢？」

所幸我很快就能平息這股質疑的聲音，因為我知道我對自己的行事曆有絕對的決定權，能做出讓時間利用與個人價值觀更契合的選擇。我再也無法回頭說，我不知道什麼對自己最重要，因為我不再渾渾噩噩地生活。

接下來，讓我跟你說個故事，你就能了解個人價值觀在工作上發揮什麼力量。

活出自己的價值

戴夫・薩維吉（Dave Savage）形容自己：「打從娘胎，徹徹底底就是一個創業家。」四十七歲時，他已經是個成就斐然的企業家。他抱持著一項崇高的使命，就是在生活與事業的各個面向中，都要超越期望值，一路上他便是用自己的個人價值觀當成指引。他說：「當你在事業上超越期望值時，好事就會接二連三發生。」

一九八六年，薩維吉提出一個願景，要用新方式來協助貸款專員工作更加成功。他的做法是提供一套工具，讓他們能協助屋主做出周全、聰明的房貸決定。他相信自己已經開發出一個獨特方案，能夠解決影響數百萬美國人生活的問題。帶著這個革命性的點子，薩維吉與合作夥伴花了一整年的時間，將心血投資下去，並利用從他自己信用卡上借來的一萬八千美元，開發出「房貸教練」（Mortgage Coach）這項工具。今天，他的公司是資訊與生產力軟體的領導廠商，有超過六千名房貸專員都是他們的客戶，這些房貸專員加起來共協助了數十萬名屋主，對未來做出更好的決定。

產品成功被廣為採用，只是薩維吉推展「房貸教練」願景的開端而已。現在，他專注於改變房屋銷售的方式，並希望在過程中讓房地產市場出現長期穩定。薩維吉說：「根據個人生活目標，在深思熟慮後才買房子，有助於創造更穩定的市場。我真的相信，如果大家都用我們的工具，應該能避免房地產市場崩盤的若干現象。」

除了「房貸教練」，薩維吉還成立許多公司。二〇〇〇年，他創辦聰明回應公司（SmartReply），這間許可式行銷（Permission Marketing）——消費者同意後才進行行銷活動——的創新公司，協助企業與顧客建立連結，深化顧客關係。公司雖有獲利，但薩維吉知道業務還能更上一層樓，他往後退一步來分析產業。早在二〇〇二年，他就清楚看到行動行銷將是未來，所以他著手將聰明回應公司改造成行動行銷的先驅者。這項新策略奏效，公司出現爆炸性成長，二〇一一年，薩維吉將公司賣給顧客溝通解決方案領導廠商 SoundBite 這家上市公司。

在每次的創業中，薩維吉都會將三大核心原則應用其中：（一）他要給人「哇！」時刻；（二）他提供客戶與終端消費者明顯、具體可見的價值；（三）他把焦點放在簡化複雜系統上。將這三大原則結合起來，便會得到一套價值體系，這套體系以提供強化商業與改善生活的高品質產品為核心，讓產品以提供用戶愉快的使用經驗為導向。

價值觀絕對很重要，不妨後退一步，徹底搞清楚自己服膺的是哪些獨特、真實、純粹、有驅動力的價值觀，它們會是你從渾渾噩噩生活覺醒的轉捩點。

你最重視的價值有哪些？

接下來，我們再來做一個練習，請你花點時間，依重要性列出你最重視的前十大價值觀。一旦寫下前十大價值觀之後，你便承認這些基本價值觀是你存在的核心，讓這些價值觀推動你前進，他們是永不會耗盡的燃料。

在我撰寫這本書時，愛琳・凱西（Erin Casey）積極協助我許多準備工作，可以跟我們分享若干深入洞見。凱西在「個人成長」這個主題，研究、撰寫了將近二十年，但當她完成「七分鐘微行動計畫優先清單」（The 7 Minute Solution Priorities Worksheet）時，她卻覺得有罪惡感。跟許多職業婦女一樣，工作與家庭總是不斷地拉扯凱西。透過思考這份優先清單、列出前十大優先要務，凱西更清楚自己的理想生活方式與實際利用時間的方式並非總是一致。這種故事並不罕見，事實上，理解這個落差是覺醒的首要步驟之一。

凱西的前十大優先要務很清楚，分別是自由、愛、和平、誠信、信仰、家人、冒險、創造改變、樂趣與自然。對認識凱西的人來說，這些元素並不令人意外，但對那些僅看到她如何利用大部分時間的人來說，可能很難想像凱西的人生優先要務是這十項元素。清楚認知到自己重視的優先要務後，凱西在分配注意力時，目標更加明確。她決定謹慎利用每天的時間，選擇優先關注自己最重視的價值，這表示她每天下午都要抽出時間放下手頭工作，好好陪伴兩個兒子度過美好的時光，即便正面臨截稿壓力也一樣。這也表示凱西每天午餐後要散散步，好讓自己放空心智、運動身體、與

我的前十大價值觀是：

1. 成就
2. 有意義的工作
3. 被認同
4. 有財務保障
5. 親密關係
6. 家人
7. 成長
8. 創造改變
9. 學習
10. 領導他人

自然重新連結。確認自己的價值觀與優先要務後，凱西等於創造出一個架構，可以重新設計品質更好的生活。

人生的意義與目的，因人而異。但是知道對自己最重要的事，是七分鐘微行動計畫的開端。你可能早已知道什麼事對自己最重要，但日常中不斷令人分心的事物與工作截止日，卻讓你忘記這些價值觀，或讓它們滑落到待辦清單的最下層。這就是為何每九十天花時間重新聚焦檢視價值觀，有多麼重要。**你的價值觀在生命中不容妥協，你需要一套生活系統，來提醒自己生命中的輕重緩急。**如同所羅門王說的：「他心怎樣思量，他為人就是怎樣。」或是厄爾・南丁格爾（Earl Nightingale）在《最奇妙的祕密》（*The Strangest Secret*）中所說的：「你如何思考，就變成怎樣的人。」有意識選擇你的思考內容，因為我們一整天想些什麼，我們的確就變成那樣的人。

現在，該是覺醒、真正活出人生意義的時候了！

Chapter

4

你是否清醒地活著？

——三步驟建立行動系統，隨時保有方向感

從一萬四千五百呎的高空中，以時速一百二十哩自由墜落——這是我朋友凱倫・菲爾德斯（Karon Fields）想要慶祝五十歲生日的方式。我一直想要嘗試高空跳傘，以時速一百二十哩穿越開放的天空，會是怎樣的感覺？我腦中會想些什麼？登上一架飛機，卻知道自己在幾分鐘後就要跳出飛機，會是怎樣的感覺？我是否會覺得自己再度活過來呢？這是否會讓我有意識地覺知到周遭發生的一切呢？

凱倫知道她想要什麼，她想要再度讓生命體驗冒險，感受到腎上腺素在體內爆發的感受，與心跳加速的刺激感。在五十歲生日那天早上，她體驗到一種完全活過來的感受，一輩子的高空跳傘夢想總算即將成真，讓她興奮不已。當她抵達田納西州波利瓦（Bolivar）的飛行場地時，她簽下了八頁的風險同意書，在地面進行了十五分鐘的訓練，然後登上飛機。

凱倫對我說：「當我站在地上時，高空跳傘似乎是個很棒的點子。」但在那個美麗的週六早晨，當飛機升空時，她的心開始在興奮與恐懼間躊躇擺盪。

不過，她沒有很多時間可以擔心，因為飛機在幾分鐘內就到達一萬四千五百呎的高度。機艙門打開，冷空氣與難以置信的噪音，一股腦湧入機艙內部。教練起身將器具綁好，她知道現在是朝艙門跨出第一步的時候了。她的心狂野地跳著，時間彷彿進入慢動作模式，她的大腦只能看到正前方的東西，腎上腺素在血管中狂奔。這個時刻令人狂喜、興奮，卻也叫人害怕。

凱倫站在離艙門十二呎遠的地方，每朝艙門跨出一步，都需要很大力氣才辦得到。雖然凱倫是跟飛行教練綁在一起，但因為她是在教練前面，所以他無法帶領她，她必須自己向前跨出每一步。只剩幾步時，教練大聲對她說：「把手交叉抱在胸前！」她照做了，時間似乎暫時停止。從打開的飛機艙門外，凱倫可以看到下方曲折蜿蜒的大地。冷冽狂風環抱住她，令她無法呼吸。

終於，只剩一步就到門邊了。然後，她跨出這最後一步。當她雙手交叉站在門邊時，教練大聲喊出最後的指示：「把妳的腳趾移到門外！」然後，她照辦了。

在一萬四千五百呎的高空中，她站在飛機艙門邊上，跟一個不認識的人綁在一起，將生命交付給他，腳下除了天空以外，什麼也沒有。教練抓住門邊把手，大聲喊：「一、二、三！」數到三時，他們兩個一起跳下去了。

只是「想要」無法獲得實質的改變

你企求什麼，生命就會對你有求必應，但你必須先採取行動才行。凱倫向生活要求一個讓她屏氣凝神的時刻，難道我們不都想要同樣的東西嗎？難道你不想醒來時，對於即將開展的今天，感受到一股難以克制的興奮感嗎？難道我們不想過將腳趾跨出門外的人生嗎？但要過將腳趾跨出門外的人生，意味著你必須先願意登上正確的班機，讓生活步上軌道。你得先確認自己最重視哪些事，當你知道生命中的輕重緩急時，要選擇正確的班機就容易許多。

一旦登上對的班機、朝正確方向前進時，就比較容易飛到正確的高度。你得了解達成目標需要哪些工具與資源，要找到願意支持、鼓勵你的人。就像凱倫的高空跳傘教練一樣，你的生命也需要有經驗、有智慧的人，能在人生旅程上一路指引你方向。你需要心靈導師與朋友，當你站起來時，他們會跟著你一起站起來，即便在你很害怕時，他們仍會鼓勵你持續向前行。

雖然多數的故事都是談論怎樣跨出「第一步」，但凱倫的故事卻證明，實際上可能是最後一步才是最具挑戰性的。在跨出那最後一步時，我們需要朋友與心靈導師來挑戰我們，看我們敢不敢將腳趾跨出門外。**我們想過將腳趾跨出門外的人生，感覺自己活力充沛，徹底覺知對自己最重要的事情，希望身邊都是能夠信任的人，並跟所愛的人結合在一起，親近能將自己最大潛能激發出來的人。**想過這種活力充沛的完整人生，我們就必須下定決心，在每天生活中，都要有意識地覺知自己的價值觀、周遭環境與身邊的機會。

當你讀到凱倫的故事時，你的心跳是否跟著加速？感受到那股恐懼與刺激感？試著用一秒鐘的時間，想像一下在飛機上的是你，體驗一下她的感受。請你在心中跟著她一起走，想像一下當艙門打開時，那會是怎樣的感覺？

在我的想像中，我只能去猜想凱倫當時將注意力集中在哪裡？她將眼光放在何處？是一萬四千五百呎下的那片原野草地嗎？還是機艙門？她注意到飛機地板是什麼顏色嗎？她聽到了什麼？是呼嘯而過的風聲？還是飛機轟隆隆的引擎聲？

我不知道關於這趟經驗，凱倫實際上到底記得多少。當她以時速一百二十哩像自由落體般墜落時，她注意到了什麼？她是否深深享受當下？這個經驗是否如她所願？答案是，並非完全如此。凱倫如此回答：「有太多腎上腺素爆衝到體內每個細胞，導致我在降落後幾乎無法說話。有整整兩天，我無法睡覺。」

發生什麼事？她的注意力轉移了。注意力是會移動的。這趟冒險的極端興奮感，大幅分散了凱倫的注意力。所以，現在該是我們問，注意力與選擇全然清醒，兩者之間有何差異？

為自己過濾不必要的雜訊

在上一章，我曾界定過注意力，並提出三種注意力的型態。溫佛瑞・蓋拉佛（Winifred Gallagher）在《全神貫注的生命》（*Rapt: Attention and the Focused Life*）的引言中，提出了五種界定注意力的說法。她的觀點讓我了解到，在有意識選擇注意力的分配方式時，再微小的決定都可能發揮關鍵影響。

1.「的確，你專注在『這』件事，而非『那』件事的能力，是掌控你的生命體驗——你的人生品質——的關鍵。」

2.「回顧過去的歲月，你會發現你的人生受到你關注與未曾關注的一切影響而成形。你會發現在這麼多影像與聲音中、在如此複雜的思維與感受中，你只選擇相對少數的一部分，而這些東西變成你的『生活事實』。如果你曾注意過其他東西，你的生活事實與人生將會非常不同。」

3.「從此刻起，你專注的一切，將會打造出未來的你與你的人生。」
4.「如果你能把心思專注在正確的事情上，你的人生就不會只是單純回應生活中發生的事而已。相反地，你的人生會變成你所創造的一切——不再是一連串的意外，而是一組藝術作品。」
5.「你的人生，就是你所專注的一切的總和。」

在生活中，你會看到自己有意識選擇想看的東西，聽到自己有意識選擇想聽的聲音，感受到自己有意識選擇想感受的感覺，體驗到自己有意識選擇想體驗的經驗。生活中充滿如此多的雜訊，導致我們的大腦得學習如何過濾不重要的東西，將注意力與覺知力集中在對生命最重要的事物上。生活中的每一秒鐘，都有數以百萬的想法、點子、影像、聲音、味道與實體感官刺激，不斷轟炸你的腦袋。一切都顯得很重要，這些不斷出現的雜訊，一直在競逐我們的注意力、排擠我們的時間，分心與混亂成為常態。雖然你每秒鐘都被數以百萬的訊息炮轟，但你仍能選擇全然覺醒，過濾自己要吸收哪些訊息。

價值觀加上注意力與選擇，就是有意識的覺醒；換句話說，全然覺醒就是選擇要將注意力集中在哪裡。當你開始謹慎選擇注意力的分配方式時，你就朝向更有意義的生活前進。

隨時提醒自己「時間有限」

當你明白自己能用的注意力其實有限，在這種認知下，你會做出怎樣的抉擇？注意力是個零和遊戲，一天只有二十四個小時，選擇如何利用下一分鐘的方式，就表示你已經決定不把那分鐘花在另外的事情上，這就是蓋拉佛所說的：「你專注在『這』件事，而非『那』件事的能力……。」我想要確認，我選擇的「這個」跟放棄的「那個」是正確的。有多少次我選擇看電視，而非讀書？有多少次我發現自己選擇緊盯著電腦螢幕，而非運動？你選擇的「這些」跟「那些」，是否替你的人生帶來更多的意義與滿足感？你是否利用上班有限的時間，慎選當天最優先待辦的事項，將注意力集中在那些事上面？

你是否曾做出策略性決定，確定你與團隊如何分配你們的注意力？集中注意力的意義何在？注意力是個刻意選擇的過程，要集中注意力並審慎專注，非常困難。當你學會如何控制大腦的過濾機制時，你將能有意識地做出抉擇，決定將注意力集中在哪裡、如何最有效利用時間。你會根據自己的價值觀、優先要務、生命意義與生活目標，清醒地做出這些決定；按照這樣的邏輯，你會選擇將注意力集中在對你最重要的事情上。

行動之前，停下來想一下

對許多人而言，問題在於他們尚未確認什麼是最重要的事，他們被動地生活著，只是隨波逐流接受一切。當你無法確認生命中的輕重緩急，卻得做出抉擇時，就彷彿是將收音機設定在隨選模式，不論播出什麼音樂你都聽。如果隨選功能停在一個播放饒舌歌的電台，你就聽饒舌歌，即便你真正喜歡的是爵士樂。我們必須定期問自己：「我此刻利用時間的方式，是我在意識清醒下做出的選擇嗎？我是否將注意力集中我想要的事情上？」跟車上收音機很像，一旦你確認並釐清注意力的分配方式，你就能選對頻道，大聲放送想聽的音樂。

你能將不重要東西的音量轉小聲。例如，如果你認為健康很重要，就可以調高健康這曲樂章的音量，聯絡你的家庭醫生，討論節食與運動建議，訂出一個你想完成的計劃，每天做出更健康的選擇。同樣地，你也可以將有害事情的曲調轉成無聲，降低負面思考、負面字眼、沒有組織與亂七八糟的狀態。誠如蓋拉佛說的：「你的人生，變成你所專注的一切的總和。」我相信將注意力專注在哪裡的選擇，將會影響你在生活中的成就感、生產力、成功與失敗，亦即你整個人生。

請你每九十天給自己時間，重新評估自己的生活。這之所以如此重要，背後有好幾個理由。首先，隨著你的成長與改變，你會發現生活中的輕重緩急事項，也會跟著成長與改變。定期跟自己對話，確認你想將哪些樂章的音量放大，想花更多時間與注意力來聆聽哪首樂曲。此外，同等重要的是，你得決定要將哪些事情的音量調小，把時間留給其他更重要的事。

研究顯示，人類每秒能有意識地處理約四十個位元的資訊。但在一天中的任何一秒鐘，湧入大腦的資訊量，遠遠超出大腦能有意識處理的負載量。幸好，大腦在潛意識下，每秒仍能處理約一千一百萬到四千萬個位元的資訊量。為了處理如此龐大的資訊量，大腦會過濾掉其認為無關緊要的資訊，並利用潛意識捷徑與途徑，也就是所謂的「認知模式」，讓人們在許多情境中，無須有意識思考就能做出回應。事實上，有些研究顯示我們一天生活中，潛意識途徑、模式與習慣，主導了約九十五％到九十九％的行為。這表示在我們所做有關如何生活的選擇中，最多只有五％，是我們在意識清醒下做出的決定。

例如，你可能每天同一時間起床，穿同樣衣服去上班，吃同樣的午餐，執行同樣的專案，每晚開車走同樣的路回家，跟同樣一群人有同樣的對話，每天忍受同樣的挫折感。當你不想活在自動導航模式時，會發生怎樣的狀況呢？還記得神經可塑性的運作方式嗎？為了改變你的生活，你必須告訴大腦允許哪些資訊被過濾進入清醒的意識中，然後選擇如何分配自己的能量與專注力。

為了創造有意識的生命，你必須好好地選擇，你做出的每個決定，都會影響你的人生。你必須做出有意識的選擇：是要看一部暴力節目，還是讀一本有益心智的書？是要擔心一件無法改變的事，還是用三十分鐘來運動？是要開始完成一項工作任務，還是沒完沒了地讀電子郵件？你必須選擇要讓自己活在混亂中，或是根據擬好的每日行動計劃來做事。

就像肌肉一樣，大腦也會對刺激做出回應。如果你持續活在同樣的作息習慣中，你的生活很可能就會給你同樣的結果。如果你決定今天就做出選擇，並日復一日重複你的選擇，想像一下從現在起五年內，這些微小的決定綜合起來，會創造出怎樣的改變？生命由一連串的微小決定所組成，何謂打造一個有意義的人生？就是在有限的人間歲月中，發掘、落實你來到世上的目的。當你了解自己要追求的人生目標時，你就能創造出有意義且充實的人生。

現在問題來了：你會做出怎樣的選擇呢？

調整大腦的過濾機制

人類大腦非常厲害，會自動選擇喜好的事物來關注。讓我舉個自己的例子來說明一下，三十五歲那年，我懷了第一個孩子。在那之前，我從未注意過其他懷孕的女人，但一旦懷孕之後，我可以一眼看出哪些女人也有喜！還有嬰兒！汽車座椅與超市推車上，都有小嬰兒的蹤影，我到處都看得到嬰兒！當然，本來就都有懷孕婦女與嬰兒，但以前我的生活跟他們從未有如此私密的關聯性，所以我從未注意過他們。當我的狀況改變時，我對這群人卻變得高度敏感，因為他們和我有同樣的生活體驗。

還有另一個例子，當我們全家週末到芝加哥休假時，我的女兒弄傷膝蓋，得坐在輪椅上逛街。我的丈夫跟我整個週末，都推著我女兒的輪椅，在擁擠的人行道上來來去去，進出店家。我忽然意識到，在那個週末我看到多少人也是坐在輪椅上——幾乎到處都有。我以前怎麼可能從未注意到坐輪椅的人呢？這並不是因為我天生就粗枝大葉，而是當我們的女兒坐在輪椅上時，我們的敏感度便增強了十倍。

我們會注意到自己感興趣的東西，看到自己眼前正在進行的事。我們的大腦會過濾掉多餘資訊，但在此同時，卻也能精確覺知、不斷尋找我們在生活中所需的資訊、資源與人。我們可以善用這個有利的優勢，指示大腦該尋找什麼、該留意哪些東西。我們應該注意重要的人、機會與資源，它們讓我們能釐清生活中的輕重緩急順序、實踐生命意義、達成人生的目標。如果我們能定期檢視、釐清生命中最優先的要務，肯定就能更清楚知道自己在追求什麼、需要看到什麼。

下列這個場景，發生在你身上多少次？你人在擁擠的房間中，等著會議開始。室內充滿了人們嘈雜的閒聊聲，你正在專心跟老闆說話。但離你十呎之遙的某個人，忽然提及你的名字，你的注意力忽然間全部轉移，不再留意老闆說些什麼。相反地，你將那四十位元的能力，全部集中在那個人說了哪些關於你的事。大腦的過濾機制，不斷掃瞄周遭一切訊息，直到發現某些新奇、令你驚奇或感到熟悉的東西。你是否曾經想過，是大腦中的哪個部分，讓你能在擁擠的房間中，仍能聽到別人提到你的名字呢？這個過程是由大腦中的「網狀啟動系統」（reticular activating system）所控制的，這個系統尋找它覺得有關聯並能了解的模式，如嬰兒或坐輪椅的人。這套機制控制了你的潛意識，決定哪些東西能夠進入你有意識的大腦中，並且消除其餘的資訊。

網狀啟動系統是你能看到想看東西的背後原因，不論是架上的巧克力餅乾，還是你小孩在學校合唱團五十個人當中。多年來，你一直在設定這個網狀啟動系統，只是你並未這樣稱呼它而已。這張網是大腦的意識過濾器，能抓住你刻意佈好的餌，吸引你想要的東西。換個方式來想吧！當你第一次愛上你的伴侶時，每件事都會讓你想起他——某首歌、某個街道，偶然飄在空中令人暖心的味道。網狀啟動系統掃瞄並蒐集一切能讓你用某種方式跟心愛的人連結起來的東西，當你進行一項龐大專案時，同樣的事情也會發生。網狀啟動系統會注意到所有能協助你完成待辦任務的一切東西，讓你能找到必須打電話聯繫的人、完成需要做出的預算、開發出需要發展的系統。你的大腦不斷繞著這個專案打轉，你無法讓這個專案從腦袋中消失，這就是為何你在商店中不經意看到一位陌生人時，卻忽然記起另一個應該打電話給他的人的名字。當你的大腦啟動這個提醒器時，你的身體就會因腎上腺大量分泌，感到一股快感。

反之，**透過不斷提醒自己重視的東西，並以書面寫下想完成的目標，你便可以織起網狀啟動系統的網。生命中一切美好的事物，已經環繞在你身邊，你只需要有意識地看到這一切。你可以用這些來填滿你的心，設定你的網狀啟動系統，如此就能有意識地注意到你所追尋的東西。**但問題是，我們總是如此忙碌，習慣讓自己的潛意識決定應該注意哪些東西。我們變得安逸、過於懶惰，忘了追尋能讓我們達成人生目標的東西。不過，只要你意識到自己有股欲望，想要創造出有意義的生活時，就能採取下一個步驟，設定你的大腦，尋找能讓人生真正加值的東西，朝向你的目標前進。

三步驟清理來自內心的噪音

但大腦這股威力強大的掃瞄機制，也有不好的一面，那就是我們每個人都允許自己心中不斷播放潛意識錄音帶。這捲錄音帶中可能錄有遠自童年時期存留至今的負面訊息，這些負面訊息往往也會影響我們抉擇時的自動導航機制。比方說，你可能會聽到：「你不夠聰明，幹嘛還要去做那件事？」，或是「好事不會發生在你身上的，你還要努力！」即便當你已經全然覺醒、不再相信這些話，但潛意識錄音帶仍可能會持續播放這些負面錄音。有時候，聆聽這些舊錄音檔，因循苟且過著單調、無趣的生活，似乎比採取行動重新錄音，要來得容易多了。

但你可以重新錄音：你需要的是花一點時間，重新打造核心信仰。

如下頁圖表，我們可以用「想」、「寫」、「做」三部曲，來重新設定網狀啟動系統。語言在我們體驗有意識的覺知中，扮演了重要角色。研究人員已經發現，潛意識思考與有意識的思考，兩者極為不同。潛意識思考是感官的知覺，有意識的思考則被認為是有架構的文字與言語。「想、寫、做」這個流程，能讓我們更清楚注意到我們想留意的東西。

▼想

想法決定了選擇，選擇決定了人生，現在你該知道「想法也會形塑大腦」這個觀念。我們腦中每個想法，都會透過大腦中的神經連結，啟動體內的某種化學與電子傳導作用反應。一千億個神經元，是組成大腦的物理結構，即便受到頭顱限制，大腦的體積大小無法改變，但是大腦的物理結構，其實每天都在改變，因為大腦會根據你的想法與行動，不斷讓自己重組連線。醫學博士諾曼・

想、寫、做　改變你的大腦

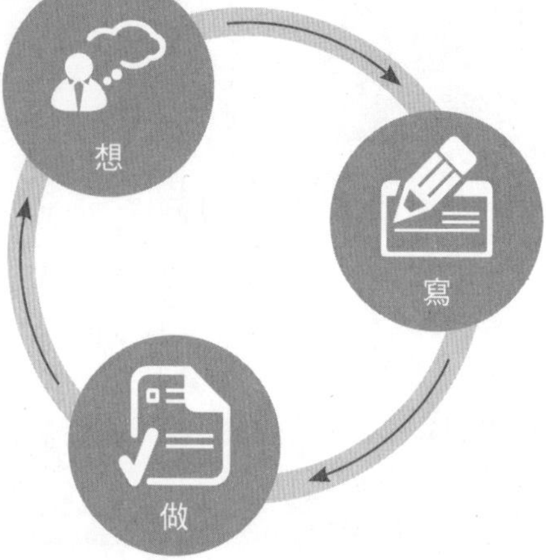

多吉（Norman Doidge）表示：「我給神經可塑性的定義是，大腦針對下列事項具備改變架構與功能的性能：我們對自己承諾的行動、我們對這個世界的感知能力，以及恣意思考與想像的能力。」

大腦的物理結構，會隨著每個想法而改變。透過重複這些想法，你會看到真正的變化。**因為神經可塑性之故，思考變得非常重要，能讓你變成理想中的自己。**我們透過思考來體驗生活，若是將思想訴諸文字，這些思想就變得很真實——即便這些話語從未被說出口。你的思考開創出大腦中的通道，透過神經可塑性，你愈是將注意力集中在特定想法上，這些連結就會變得更強大且根深柢固。這些連結愈強烈，你的大腦就能更有效率處理這些連結，而這就是新習慣與態度被培養出來的方法。如果你想要體驗更有意義的生活，你便需要花更多時間，來思考哪些東西對你有意義。

在我自己的生命中，我朋友黛比罹癌的消息，將我推進了有意識的覺醒中。這個影響立即可見，我當下就理解到，我要追求跟以前完全不一樣的人生。不幸的是，我並不是很確定自己想要的是如何不一樣的人生。在我心中，我只知道我要的不只如此。信仰對我很重要，我知道在我四十一歲時，我已經遠離那些對我最重要的東西。我的生活變得忙碌不堪，卻一點也沒有建設性。我很成功，但我不快樂。

當我凝視黛比的眼睛，聽到她告訴我癌症噩耗時，一股情緒糾結在我心中——我感到痛苦難過，不光是為了她的處境，還因為自己的生活空虛。在我內心深處，我開始感受到前所未有的感覺，但我不知該如何描述這些感受，我並不知道它們真正的意義是什麼。

在接下來的十八個月中，我一直在思考，我並非在一夜之間就全然覺醒，但我知道自己正朝向某些解決方案前進，即便這些方法並非立即可見。這些想法都讓我準備好重新建立網狀啟動系統，只是當時我並不理解而已。我愈常思考，我腦裡的那張「網」便織得愈來愈大；隨著網愈織愈大，它就更容易捕捉到問題的答案。

思考過程開啟了我對這一切理解的追尋過程，在這十八個月當中，我將潛意識的想法與感覺，轉變成文字，我問自己：「妳想要生命變成什麼樣子呢？什麼會讓生命有意義？」面對這些重要的問題時，我常會利用如下頁所見簡單的心智圖（mind mapping）以釐清思緒。

什麼讓你的生命更有意義？

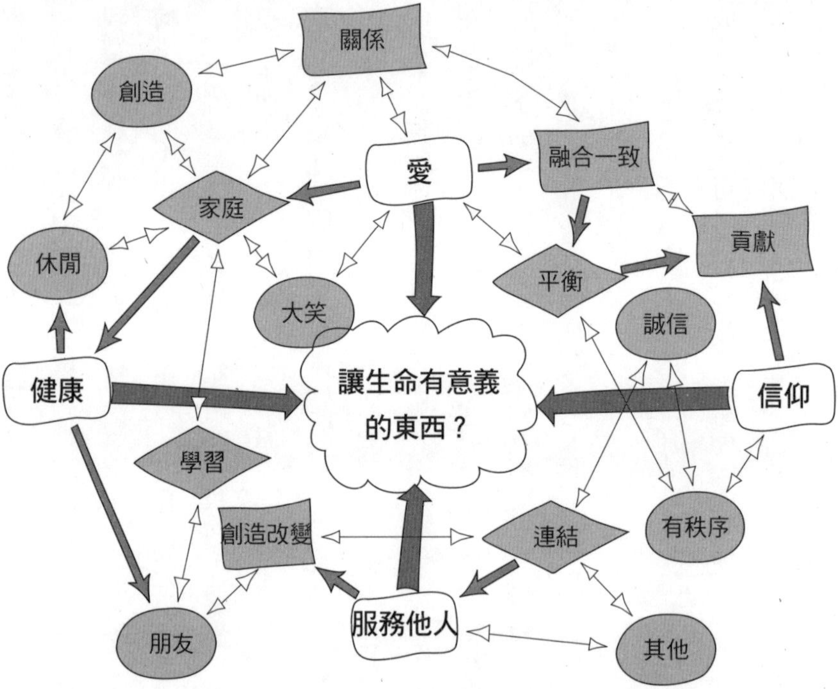

▼寫

人類心智的思考速度，快到令人不可置信。有些心理學家估計，每天會有三萬到七萬個想法通過人類的潛意識。許多時候，想法一閃而過，它們如此快速進出我們有意識的覺知中，以致在還來不及對我們的行為與行事結果造成影響前，就已經消失不見。

想法雖然很重要，但找到能夠捕捉、釐清想法的方法，重要性可能更勝於百倍。你需要一個框架、一個結構與一個地方，用書面方式將想法記錄下來。你必須將想法訴諸文字，把想法捕捉、翻譯出來。思考與文字記錄，是重新設定網狀啟動系統的兩種方式。你運用時間的方式，就是你如何體驗生活的方式。想想看，你能夠改變並拓展你體驗到的生活，是多麼美妙？

無論身處怎樣的環境，你都能有意識地做出選擇，決定將注意力集中在哪。如果你的時間都是花在服務、愛、希望、善良、分享與賦予上，你的生命就會變成如此。我是根據親身經驗，來告訴你改變人生是可能的。**改變思考的方式，你就能改變結局，而且這不須耗上數年時間，你可以在幾分鐘內就開始改造你的生活。**

▼做

思考什麼事對你最有意義，然後將想法轉換成文字，最後就得付諸實現。耐吉（Nike）靠「做就對了！」（Just do it）這句廣告詞賺進大把銀子，七分鐘微行動計畫的口號則是「我做到了嗎？」（Did I do it?）每一天，請想想自己所做的選擇與行動，然後捫心自問：「我是否說到做到，完成說過要做的事？」這個問題很簡單，只有是或非的答案。七分鐘微行動計畫的真諦，就是了解什麼對你最有意義，然後實踐這些價值。

一場會議的覺醒

我在第二章提及黛比和年輕同事亞當的事件，令我對自己的人生有所覺悟：我的生活策略竟然辜負了我！這個領悟像晴天霹靂般，讓我忽然驚醒。從那時起，我開始活在這些問題中，我知道我想要擺脫什麼——我不想加班、體重過重或壓力過大。

多年來，我們的工作團隊每年都會選擇公司以外的某個地方，舉辦一場全天的年度規劃會議。從一九八四年起，我就一直在同一家公司擔任財務顧問，到了二〇〇三年，我對這場年度盛會比往常感到更興奮。這並非公司正式的訓練課程；相反地，每年團隊中的三個成員，會在不受任何日常例行事務的干擾下，花上一整天發想，專注討論我們想要達成的目標、我們想要成為怎樣的理想團隊，以及怎樣才能更全方位服務客戶。

我跟蘇珊．奈洛（Susan Naylor）相識已久，從她還是大學新鮮人時，我們就認識了。在二〇〇二年，我問她是否願意到阿肯色州的瓊斯波羅（Jonesboro）替我工作，當時她不過才二十六歲，但回覆卻已充滿智慧：「艾莉森，我沒興趣替妳『工作』，但是我願意跟妳『共事』。」數個月之後，我們一起利用時間擬定這場年度規劃會議的議程，提出了下列問題：

我們的核心業務是什麼？

我們該如何集中注意力？

我們需要額外學習哪些技巧與知識？

根據個人能力，我們該怎樣安排團隊每個成員的工作，才能讓他們發揮最佳表現，達到最佳成績？
驅動我們成長的個人價值觀與優先要務是什麼？
我們的目標是什麼？什麼會讓團隊中每個成員都感到生命有意義？
用什麼樣的方法，工作最有成效？
哪些方法行不通？
我們應該改變什麼？
我們應該多做些什麼，又該少做些什麼？

我們利用整個下午，檢視上個年度的業務分析與績效，以具體擬定下個年度的業務計劃。

去年的目標是什麼？有達到嗎？
如果有達到的話，是做對了什麼？如果沒有達到，是因為？
新年度的目標是什麼？
我們將採取哪些具體措施，來達成這些目標？
誰該負責做什麼事？時間表如何規劃？

光是設定這些議程，我就知道這場會議會很不同。我們都很清楚該如何像樣地工作，但有些事我們卻不是那麼清楚：自己的價值觀、我們存在的意義、利用時間的最佳方式，以及讓人生有意義的事物。我直覺知道，若工作跟內心深處的企求能合而為一時，更漂亮的業績與更好的客戶關係，自然就會跟著來。但我沒想到的是，這場會議竟然成為我人生中的轉捩點。

身為會議主持人，我要求團隊進行一個小練習。在我向各位說明這個練習之前，我必須先承認一件事。可別誤會了！我很愛這種發想活動，我是個工作繁忙的主管，我珍惜任何能喘口氣與重新跟人建立連結的機會，但是當我參加這個發想活動時，我並未期待自己的生命將永遠改變。

我在計時器上設定好十五分鐘，唯一的指令就是要大家檢視自己的內心，並完成下面這個句子：「我人生的目的是……。」就這樣，計時器開始倒數計時。一開始，我腦裡閃過很多日常雜務，但就是沒有人生目的這件事——家裡該洗的衣服、等會得去買的雜貨，還有許許多多該做的雜事。我感到有點分心、煩擾，對這個練習心生抗拒：「我怎麼會不知道自己的人生目的？剩不到幾分鐘了，我有可能找出自己的人生目的嗎？」

我決定不再多想、放手一試，隨著潛意識開始奔騰，我把注意力集中在我熱愛的一切。我在心中列出自己的天賦與才能，然後想著周圍的世界，是哪些東西賦予我最深層的意義與滿足感？我瞄了一下計時器，發現只剩下七分鐘，像大一新鮮人趕在考試鈴聲鐘響前交卷一樣，我匆忙寫下一些文字。當計時器響起時，大家都放下手中的筆，我看了下自己到底寫了什麼：

我的人生目的就是成長。我想要成長與改變，我想要明天的我，跟今天不一樣。身為一個妻子，我想要成長——更愛我的丈夫，更常握著他的手，享受深夜的對話，一起分享我們的希望與夢想。身為一個母親，我想要成長——看著我的小孩長大，實現自己的天命。我也想要成長為一個有精神信仰的人——變得更仁慈、更睿智、更有希望，並且更有理解心。我想要帶著誠實與正直的態度工作，我希望每天都充滿樂趣、刺激與挑戰。我也想要透過分享自己的發現與想法，協助他人在生命中創造出有意義的改變。

透過成長與協助他人成長，我就能實踐我的人生目的。

看完我寫下的文字，我感到有些震撼。我不再失落了！我不再想逃離令我不滿的生活。現在，我有了清楚的方向。就在這七分鐘內，我不再被困在問題中，而是開始找出解決方案。這張意義宣言讓我理解自己來到這個世上的原因，我知道自己存在的理由，以及我想要如何利用時間。從那刻起，我感到一股深刻的精神連結，這是我生命中最具決定性的關鍵時刻之一。

我花了四十三年打造人生，用十八個月思考我想要過怎樣的生活，然後僅花了七分鐘就寫下答案。首先，我必須思考自己的人生目的；然後，我必須將這些想法用文字表達出來；最後，在那場發想會議中，我終於能在短短七分鐘內，寫出自己的生命意義。

從那七分鐘起，我已經開始重新定義自己的生命。我已經開始走上一條不同的路，並且有機會將這些想法分享給數十萬不同的人。這個體驗讓我理解，除非你能了解自己的人生目的，並用書面形式記錄下來，否則你幾乎不可能活出生命意義。

若是不了解自己在人生中追求的目的，世上所有的組織工具，都無法讓你找到生命意義。**這些工具能讓你活得更有效率，甚至能降低一些令人不滿之處，但若是要積極讓生命增值的話，你必須清楚知道自己的人生目的，並能在日常生活中更積極活出這些意義。**

找到你的馬鞍與寶劍

我的朋友蘿莉・白・瓊斯（Laurie Beth Jones）是百萬暢銷作家，也是一位很懂得激勵人心的演說家，但她也是等到自我覺醒、發現人生目的後，才覺得人生真正有意義。

瓊斯說：「了解自己的人生目的，知道自己這輩子想過什麼樣的生活，這種覺醒是個過程。覺醒可以發生在不同的面向，我們可能會覺醒發現自己的天賦、聽到自己生命的呼喚、突然了解周圍世界及他人的美麗、體悟人生的目的，或是發現上帝的存在。」

多年來，瓊斯一直試圖找到她存在世上，究竟是為了完成什麼事。她還記得：「發現我的使命、找到我的人生目的，是一個漫長且辛苦的歷程。」在經歷無數的思考、禱告與靈魂探索後，瓊斯總算找到答案：「我發現我的使命，就是要了解、促進、啟發我內心與他人身上的神聖連結。」了解自己的使命，讓瓊斯得以開創出一番令人印象深刻的事業，她說：「**這項清楚的使命，同時變**

成我的馬鞍與寶劍。馬鞍讓我能夠駕馭自己的能量，寶劍讓我斬斷生命中不該或不能做的事情。我發現，當你很清楚知道自己存在這世上的使命時，就會感受到前所未有的自由。」

瓊斯在一九九四年寫下她的使命宣言，她說當她專注實踐自己的使命時，一切都變得更加美好。如果方向出現偏差，她的使命會提醒她應該將注意力集中在哪裡。因為她如此忠實地實踐自己的使命，因此她對這個世界帶來了很大的影響，她的著作以十六種語言，在全球賣出了超過一百萬冊的佳績。

瓊斯提出的「路徑元素分析」（Path Elements Profile），在全球各地廣為流傳，每天都有人寫信或電子郵件給她，感謝她的著作如何改變了他們的人生。從囚犯到監獄員工、印度的牧師，到救難人員與邊境巡邏員，她的書啟發了這些人的生命，她也因為這些人的感謝話語而深受鼓勵。「這些電子郵件與信件，讓我理解到一件事，我們必須忠實實踐自己與生俱來的使命。」

德蕾莎修女（Mother Teresa）曾說：「上帝召喚我服從祂的旨意，但未必表示要我功成名就。」瓊斯則加以補充：「被衡量的是你服從的程度，而不是結果。」找到你的馬鞍與寶劍，了解你的使命，如此才能活出人生的意義。

如何不再重複令人失望的結果？

就像瓊斯說的：「了解你的人生目的，那是你的馬鞍與寶劍。」花點時間寫下你的使命宣言，它將能駕馭你的注意力，讓你專注在真正重要的事情上。它將成為一股引導力量，讓你知道該如何將時間與注意力集中在最重要的事情上。用寫的方式將你的人生目的訴諸文字，這麼做能告訴你的網狀啟動系統該注意哪些東西。用白紙黑字將人生目的書寫下來的動作，會重新設定大腦的過濾器，讓你能在自主意識下，主動選擇希望體驗到怎樣的覺醒。

在本章一開始，我提及友人凱倫高空跳傘的體驗。這是她為自己的生日冒險設下的終極目標，但這並不是第一個步驟。首先，她必須找到合適的地點，於是她來到了田納西州的波利瓦——空中跳傘的地點。你可能也需要找到一個安靜的角落，來發現自己的人生目的。

接下來，她必須願意登上那班飛機。如果你真的想要改變人生，你也必須願意做出抉擇，有時這是不容易的決定。你必須敞開心胸，接受這個想法：**你過去的行為與決定，可能無法帶你抵達理想中的未來。你必須採取跟以前不一樣的行為與決定，否則你只是不斷重複得到令人不滿意的結果。**

一旦上了飛機，凱倫聆聽教練的指示，她知道在這項任務上，教練遠比她有智慧，也更有能力。我也鼓勵你在人生旅程中，尋找你的心靈導師、朋友，以及你必須負責任的人一起同行。你必須經常自問：「我每天該跟誰建立聯繫？誰跟我有相同的價值觀？誰跟我走在類似的軌道上？誰走在我的前面，能幫我做出正確的選擇？」然後用心留意，你的網狀啟動系統就會讓你找到正確的人。

growing.

成長

當你找到正確的地方，也跟正確的人連結起來時，便是勇敢邁出步伐的時候了。你會發現自己已經準備好，並非一人孤軍奮戰，你的心靈導師、教練和密友都在背後支持你，但你必須自願跨出那一步。容我提醒你，如果你發現最後這一、兩步，比起前面的路更具挑戰性時，可別驚慌失措。雖然很多格言都說你得專注精神來克服慣性，才能成功邁出第一步，但其實很多人都發現，反而是最後那幾步路最難走，就像你想要甩掉的那最後幾公斤，才最需要努力保持行動。

所以，請你無畏地往前走，試著把腳趾移出門外。一開始或許不像你想的那樣艱難，但你需要時間檢視內心深處，發掘對自己真正重要的事情。一旦你知道自己的人生目的，就會有信心往前邁進，並奮力一跳。

早上七分鐘與自己聚焦，找出最重要的事

我到了四十三歲，才開始花上七分鐘提筆寫下我的人生目的。然而，在我確認自己的人生目的後，它變得對我非常重要，所以我

做了一個「成長」的標籤（如上頁）。我把這個標籤貼在家裡與辦公室的不同角落，甚至還拿去印在T恤上面。我想要隨時看到它，因為這會協助我設定網狀啟動系統。現在，我隨時都能意識到能讓我成長與學習的方式。我總是在尋找良機與他人分享新點子，並透過幫助他人成長，讓世界變得更美好。

讓這個標籤時常出現在我的生活，提醒我不要忘記自己的人生目的。這也帶給我喜悅與意義，對我來說，成長充滿樂趣，是激勵我的養分。學到新東西、讀到新書，或是遇見新朋友，都能讓我向上提升、充滿動力。我希望你也能感受到同樣的活力，感受到那種受到啟發的感覺與喜樂。你可以從寫下幾個簡單的詞彙來展開這個過程——幾個能形容你生命中最愛事物的詞彙。想想看，是哪些東西讓你心跳加速、掌心冒汗？什麼能讓你一早就迫不及待興奮起床？

下頁這張清單，大致涵蓋了我在生命中最熱愛的一切。我的清單相當抽象，你的清單可能會具體一點，也許你熱愛當小聯盟棒球隊的教練，或是熱愛閱讀，並擔任工作團隊成員的心靈導師。

花點時間寫下你的清單，若你是第一次嘗試寫下人生中最愛的事物，這個過程可能會比你想像中難一點。日常生活中有太多事讓我們分心，我們不太習慣如此坦誠面對自己，有時我們甚至會對自己打發時間的方式感到罪惡感。

我花了十八個月，才釐清自己生命中最愛的是什麼。當你隨著時間成長與改變，這個探索也會跟著改變，因為你生命中的最愛會跟著時間改變。請讓大腦有機會以文字來表達情感。用文字記錄

我生命中熱愛的一切：

上帝

我先生馬克

我兩個小孩艾比和傑

成長、學習、閱讀

寫作、創造、分享

完成工作

和平、自由

你人生中的最愛，將會讓你更常注意到這些最愛，因此更常意識到它們的存在。

你可能邊讀邊想：「這聽來很有道理，我先讀下面的部分，回頭再來寫下我的答案。」但千萬別再等了！現在就花上幾分鐘，想想並寫下你人生所熱愛、欣賞及渴望的。要讓這個經驗發揮最大功效，把你投資在閱讀這本書的時間做最好利用，你必須寫下你的答案。透過寫下你在生命中熱愛的一切，你會在大腦中打造出新的神經通道，當你進行本書的練習時，這些神經通道會變得更強大。你希望這些連結變得多麼強大？你對這件事可是有全盤掌控權的：「你如何思考，你就變成怎樣的人。」想，寫，做。

除了在書頁上寫下你的答案，你也可以到 www.The7MinuteLife.com 下載空白的表單。你

在你的人生中，你最熱愛什麼？

1. ____________________
2. ____________________
3. ____________________
4. ____________________
5. ____________________
6. ____________________
7. ____________________

可以回第三章第四十二頁的價值觀清單中，找到放入這張清單的詞彙。

琢磨一下你寫的這些詞彙，讓這些字沉澱到你的腦中。它們給你什麼樣的感覺？你心中看到什麼樣的影像？你的人生目的會圍繞在你生命中的最愛，讓你的心思恣意漫遊，在心中追尋你相信屬於自己的人生目的。

我想跟你分享我對人生目的的三個信仰。

一、人生目的是有關我們為他人做了什麼，它攸關服務。

二、人生目的也關於如何利用自己的天賦與才能，來改變這個世界。

三、所有人生目的的基礎是愛。

你該如何發揮自己的天賦與能力，來改變這個世界？你的人生目的並非只是關乎你自己而已，並非只是追求讓自己過得更好的生活，而是要問自己能為他人做些什麼，讓他們過更好的生活。因為當你改善他人的生活時，你的生活也會充滿喜樂。

幾年前，在我跟一群理財服務主管分享這些原則後，團隊中有個人站起來，手裡拿著他寫下的使命宣言。顯而易見，他深受震撼。這位身高高達一九三公分的主管，看起來就像個美式足球員，他說：「我想讓妳知道，我今年三十三歲，而我剛才搞清楚我的人生目的就是……」當他說這些話時，情緒激動到幾乎哽咽。

帶著緩慢、沉靜卻充滿信心的聲音，他說：「……讓我那對有自閉症的雙胞胎兒子知道，他們的父親會永遠愛他們。」簡單至極，全然專注，從愛出發，就是這樣。

他的領悟讓整個會議室的情緒高漲，他跟我都哭了，許多與會者則努力不讓眼淚流下。三十三年來，這個男人一直過著相當不錯的人生，僅在七分鐘內，他就跟自己的人生目的連結起來。也許，他早就已經有所感受，但從未放緩腳步，讓自己有辦法清楚說出來。成為慈愛父親的人生目的，感動了會議室內的每個人。從那一刻起，他所做的每個選擇，都是基於他對人生目的——終身愛護他的孩子——的全新頓悟。至今，當我想到這件事時，仍會讓我感動到起雞皮疙瘩。

使命如何影響你？

寫下使命宣言，對生活會造成影響嗎？我認為答案是會的，對過去幾年來跟我合作的數千人來說，答案也一樣。最後，我想用一封我在二〇〇九年九月二十日收到的電子郵件來總結本章。

親愛的艾莉森：

自從星期二後，我就一直不斷在想妳的工作坊。雖然我的生活一直都有很多壓力，但我向來都充滿活力，不過現在我可說是面臨龐大的壓力。在跟妳共處一天之後，我知道我不是一定得過這樣的生活。我可以改變自己的狀態，並將這個狀態轉變成正面的行為。壓力改變我的生活，讓我從一個快樂、放鬆的人，變成十八個月前那個連我自己都不認識的人。我的財務壓力很大，隨時都在擔心，但我知道不是只有我有這種感覺。

在那一整天的課程中，妳說的一切深深影響了我：要做出選擇、專注在人生目的上、將生活中的挑戰視為成長的契機。我正在讀妳的書，為了我可愛的女兒們，我許諾要有所割捨、做出改變，讓自己變成更好的人。

我想跟妳分享，在妳給我們的「七分鐘」內，我寫下了什麼使命宣言。下列就是我寫的，幾乎是一字不漏逐一抄錄：

我的人生目的，是要成為一個永遠在妻子身邊支持她的丈夫與慈愛的父親，經常陪在家人身邊、永遠關愛他們。我的人生目的，是不再犯同樣的錯誤，也不要讓這些錯誤定義我的人生。我的人生目的，是要成為一個用愛回報父母、永遠支持他們的兒子；一個永遠都在手足身邊，心胸開放的兄弟；一個慷慨、高尚且不斷成長的朋友。

我的人生目的，不該只是由工作目標與截止日期所驅動，應該是由專業經驗，以及內在平靜與理解所造成的影響而驅動。我的人生目的，是要成為一個忠實的僕人，讓上帝寬恕我的罪。我的人生目的，是要成為一個樂觀與喜樂的人。我的人生目的，是不要讓沮喪與困境，影響了我與周遭人們的關係。

我的人生目的，是要去愛——愛吉兒，愛席妮，愛艾洛伊絲，愛我的朋友，愛我的體驗，愛我的人生。

妳已經給我這些工具，讓我能變成可以配得上家人的男人、成為我同事需要的人，以及我夢想成為的那個人。

我願意隨時跟妳一起進行高空跳傘。謝謝。

馬克・施瓦布（Mark Schwab）

施瓦布至今仍跟我保持聯絡，他多次告訴我，「七分鐘微行動計畫」工作坊是他生命中的轉捩點。今天，施瓦布的生活過著一個更加專注的平靜生活。釐清自己的人生目的，幫助他依循真正想要的生活方式，在日常生活中做出決定與採取行動。施瓦布表示：「透過想、寫、做，我告訴自己每天要做的事。我已經做出一個有意識的抉擇，專注在讓生活更有意義的事情上，包括在工作上、私人生活上、情感上，或是精神層面上的意義。這讓我活在一個透明、澄澈、心平氣和、充滿樂趣的生活中。當我每天完成工作，我感到心滿意足，但我現在也理解，工作並非生活中唯一重要的事。」

施瓦布的領悟時刻，在工作坊當天的一瞬間發生。他說：「我變得清楚知道，生活還有其他的可能性。在那之前，我不認為我了解自己還有其他選擇。以前，我總覺得自己被框住了，這真是一種可怕的生活方式——被困住、動彈不得、壓力沉重、焦慮不安。但後來我開始理解，原來充滿成就感、喜樂與平靜的生活是可能的，而我仍能是個稱職、能幹的專業人士。我們只是需要用不同方式來架構生活而已，對我來說，七分鐘微行動就是不同的方式。」

在施瓦布的故事中，你看到多少自己的影子？你能否感受到他的沮喪與絕望？你能否想像一旦將自己從財務與關係的壓力中解放出來時，會是怎樣的感受？施瓦布覺醒了。他花時間去找到應該追求的人生目的，然後選擇一次用一個抉擇，來慢慢改變人生。驅動他的動力是愛，什麼動力能夠驅動你呢？

Chapter

5

你有企圖心嗎？

——戒掉「我想要」，改說「我決定」

對厄爾・貝爾（Earl Bell）來說，撐竿跳幾乎跟走路一樣自然。他五歲時就跳出自己的第一竿，他熱愛在空中飛躍的感覺，特別是當成績戰勝對手或打破自己的紀錄時。在一流教練的訓練下，加上三個兄弟不斷敦促他充分發揮自己的能力，天賦異稟的厄爾，確實在撐竿跳上大放異彩。

但在過完大一新鮮人這年之後，他把精神集中在賺錢買第一輛車上。他計劃在暑假時，讓自己在訓練外放個假，好去打工賺錢買車。他哥哥比爾知道弟弟有特殊天分，事實上，他看到的是個具冠軍相的選手。比爾鼓勵厄爾辭掉工作，專心在訓練上。他給了厄爾一輛車，支持厄爾全心將時間與精力投注在撐竿跳上。為了報答哥哥，厄爾接受比以前更嚴厲的訓練。

如同生活中許多事情一樣，撐竿跳也可以分解成好幾個程序，每個步驟選手都必須能夠充分駕馭。基本條件包括掌握時間點、平衡力與協調感，其他的關鍵要素則包括衝刺速度、插竿位置、身體協調性等，當然還有體能、精力、個人企圖心與心理強悍度。要跟世界級選手競爭，有多麼困難？厄爾在教練蓋・科雪（Guy Kochel）指導下，一週練習七天，每天最多五到六個小時。一遍又一遍，一天又一天的反覆練習，最後終於成為個中翹楚。

將時間調到一九七四年春天，厄爾在大二結束時，參加了美國大學運動聯盟（National Collegiate Athletic Association, NCAA）所主辦的戶外撐竿跳冠軍賽。在大一時，厄爾個人的最佳紀錄是十六呎八吋（五〇八公分）高。歷經一年的密集訓練與專注練習後，十九歲的厄爾帶著強烈的企圖心及高度的投入，晉級到冠軍賽準決賽。他的第一跳就以半吋之別，破了十七呎八吋（五三八・四八公分）這一關。在一年之內，厄爾就將個人最佳記錄，提升了整整有一呎（三〇・四八公分）之多。

這種成就感只持續很短的時間，因為對手也超越了這個關卡。現在，柵欄升高到十八呎一吋（五五一・一八公分），比厄爾曾跳出的最高紀錄還高出五吋！五吋本身聽起來並不怎麼高，比樓梯一階的高度還要低，但是當你進行撐竿跳時，五吋等於是好幾個月全心全力、超級專注、艱辛痛苦的訓練。終於，厄爾站上跑道，手中輕輕握住跳竿，眼睛緊盯著柵欄。然後他對自己說：「這實在是太高了！我跳不過去的，我從未跳過這麼高。」

但一股熱血青年的拚勁突然衝了上來，厄爾改變想法：「好吧！反正就試試看吧。放手一搏，盡力就對了。」懷抱著這個想法，厄爾贏得美國大學運動聯盟戶外撐竿跳的冠軍。這一跳，可真是他人生的跳躍！接下來，厄爾在一九七六年打破了世界撐竿跳紀錄，並在一九八四年的夏季奧運中，贏得他在這項賽事中的第一面銅牌。

今天，厄爾專注訓練其他希望在各自領域出人頭地的運動選手。世界各地的運動員，來到位在阿肯色州瓊斯波羅的貝爾運動中心（Bell Athletics），跟教練與訓練員共同合作，並與其他選手共同切磋。結果，柵欄愈升愈高，競爭與訓練迫使這些運動員不斷進步。但是，**究竟是什麼讓世界上許多「厄爾」，跟其他未能實現夢想的運動員，有所不同呢？**

想想厄爾的故事吧！在他要跳之前，在那個即將創造歷史的時刻中，發生了什麼事？讓他能夠成功跳過柵欄，在一瞬間飛躍到新高度，並非只有單一因素，而是外在與內在的企圖心相互作用的結果。

厄爾的哥哥為他付出的財務支援與鼓勵，毫無疑問驅動了他的企圖心，打開一扇令他願意焚膏繼晷、不斷練習的鍛鍊大門。對撐竿跳的熱愛、獲得勝利的快感與更上一層樓的誘惑，也推動厄爾奮力向前一搏。在最後一刻發生的事，不過是個轉換心態的選擇而已，卻讓他締造了幾乎是前所未有的成績大躍進。並不是因為他接受了新訓練，他的身體也未奇蹟似地出現改變，他的技術水平也一樣，唯一改變的是他的心態。透過選擇，他改變了自己的心態。

了解何者能驅動你的企圖心，是活出更有意義生命的一個關鍵。**我們需要外在的刺激，來驅動自己向前行的欲望，也需要夠強大的內在企圖心，讓自己願意擁抱與追求改變，兩者缺一不可。**

做出決定，讓人生進步一〇%

企圖心屬於內在功課，但有時我們仍需要某人或某事，來慫恿我們做出改變，而這些觸媒未必總是令人感到愉悅。在我的人生中，健康不佳、稍微過重與感到極度疲倦，一直令我感到很煩惱。這些惱人的問題不斷提醒我，變成我檢查生活狀態的方式。最後，我知道自己得做出一些決定。在這個過程中，最令人感到振奮的，便是了解自己擁有選擇的自由與能力。我不僅對周圍的世界有更深刻的體會，也對自己所有的選擇擁有全新的洞見。長期以來，我被困在熟悉的罪惡感、不安全感、痛苦與不滿中，現在我覺得自己一定得去面對前方未知的路，並做出全新、不同的決定。我茅塞頓開，忽然發現：我能夠就這樣決定讓自己改變。我告訴自己：「我已經決定了！」

「我已經決定……要減重。」

「我已經決定……要讓自己保持在最好的狀態。」

「我已經決定……要擺脫家中的凌亂。」

「我已經決定……要獲得充分的休息。」

「我已經決定……要攝取能給我能量的食物。」

「我已經決定……要閱讀。」

「我已經決定……要開懷大笑。」

「我已經決定……要愛人。」

這些決定讓我重生！將這些決定清楚寫下，並且隨時看到它們，激勵我尋求解決之道。提筆寫下書面宣言，就是這個解決方案的一部分。這個解決方案照亮了一條不同的生命道路，一條讓我們擁有選擇的路。一旦我決定想做哪些不同的事，我便開始在這條全新道路上，跨出目標清楚的第一步。

正如我們需要外界激勵來做出不同選擇，我們的心靈導師與朋友，也在改變的道路上一路協助我們，喚醒我們內在的企圖心。柯林・史都華（Colin Stewart）是我的同事、也是朋友，就為我扮演了這樣的角色。二〇〇三年，在我發現人生目的不久後，柯林來到我的辦公室，看著我的眼睛對我說：「艾莉森，我已經認識妳許多年，妳是我認識最有才華的人之一，現在該是妳下更大賭注的時候了。妳能締造出比現在更高的成就，妳可以比現在好更多的。」也許柯林已經不記得這段對話，但這番話對我卻有許多意義。我的朋友先是肯定我，然後刻意讓我感到懼怕。兩者我都需要聽到，該是提升生命境界的時候了。

厄爾說過一個故事，清楚闡釋了肯定與懼怕可以發揮的影響力。厄爾帶了一個名為柴克的年輕學員，這位天賦異稟的高中撐竿跳選手，速度快、體型佳，也熱愛這項運動，但是不知道為什麼，他從未跳過十呎高的高度，沒有人知道原因。某天，有位柴克很仰慕的運動員走過來對他說：「柴克，你辦得到的！你很優秀，速度很完美，體型也完美，你掌握所有正確的技巧，你可以的！今天就是時候了。先生，再跳高一點吧！」

那天，柴克果然跳高一點，而且高很多。他跳越了十一呎——你是否也想在一天之內，就讓自己的人生進步一〇%？你需要肯定與懼怕，就像柴克一樣。我需要有人看著我的眼睛，跟我說我辦得到，我需要有人告訴我：「艾莉森，再跳高一點！」我想要跳得更高，我只是需要找到動力。現在，換你了。請找一個足夠相信你的能力、能肯定你的人，可以是朋友、同事或心靈導師。然後，請在鏡中看著自己，對自己說：「就是今天，該是跳更高的時候了。」

為什麼改變如此困難？

情緒激動的時刻，能激發我們做出改變的意念。外界環境能催化改變，他人能敦促你進步，但意念僅是開頭。想要超越意念做出決定，再到真正的改變，我們必須要有向前進的企圖心。當激動的情緒淡去時，企圖心能讓我們保持初衷。

企圖心能讓一個人動起來，驅使人們採取行動。那麼，企圖心從何而來？為什麼有些人看起來這麼充滿動力？如何培養出更強大的企圖心？我訪問了心理學家，也是婚姻與家庭諮商師的丹・霍姆斯博士，希望他對企圖心提出解釋，揭開祕密分享如何在生活中培養更強大的企圖心。他提出一個深刻的洞見，讓我嚇了一跳，他說：「幾乎人人都在尋求改變。大家都希望明天的自己跟今天不一樣，但在我協助人們了解能夠驅動自己改變的動力之前，我首先得幫他們了解，有哪些更強烈的動機，讓他們不想改變！」

即便當我們受到真正的啟發，卻也往往不願意改變。也許我們有改變的動機，但卻還有更強烈的反驅動力將我們拉回頭。霍姆斯表示：「不幸的是，太多人覺得自己被卡住了。**人們不斷重複同樣的行為，我將這種狀態稱為『原地繞圈』，他們不斷重複同樣的動作，卻期待出現不同的結果。**這就好像擁有一輛沒法跑的車，不論你換了多少次烤漆，它仍是同一輛車。很多人只在表層做改變，他們不想鍛鍊自己，做出真正能擺脫原地繞圈的重大改變。」

也許，對未知的恐懼動搖了你的決心，讓你不願改變行為。成長的欲望可能驅動了你，讓你想要向上提升、尋求解決之道，但這股欲望必須超越你預期的犧牲或代價，企圖心才能驅動你向前進。企圖心是讓你採取現在這種生活方式的內在動力，我們的生活經驗與選擇，都會影響我們的企圖心。霍姆斯將這種框架稱為「典範」，這是我們觀看世界的方式，也是我們思考與體驗世界的方式。每個人的典範，都根據自身經驗與認知而成型。無論在客觀世界是否成立，我們的信仰與認知，對自己來說都是真實存在的，它們對我們的企圖心與擁抱改變的意願有深刻的影響。

史上許多心理學家，都曾試圖分析、理解人類行為的背後動機。美國人本主義心理學家亞伯拉罕・馬斯洛（Abraham Maslow）的人類需求五層次理論，便是關於人類動機最有名的解釋之一。人類內心都有成長的欲望，也都有追求更多的動機，我們都想找到生命的意義與目的，但理想與現實間總是存在著巨大的鴻溝。在這些鴻溝中，往往布滿了我們必須面對與克服的實體與心理障礙。

簡單解釋馬斯洛的人類需求五層次理論：

1. **生理需求：**空氣、食物、飲水、遮蔽、保暖、性、睡眠等。
2. **安全需求：**人類需要從環境、人身安全、秩序、法律、行為限制與社會穩定等要素中獲得安全保障。
3. **歸屬與愛的需求：**人們需要覺得自己歸屬於某個工作團體、家庭、關係，並獲得關愛與

馬斯洛的需求層次理論

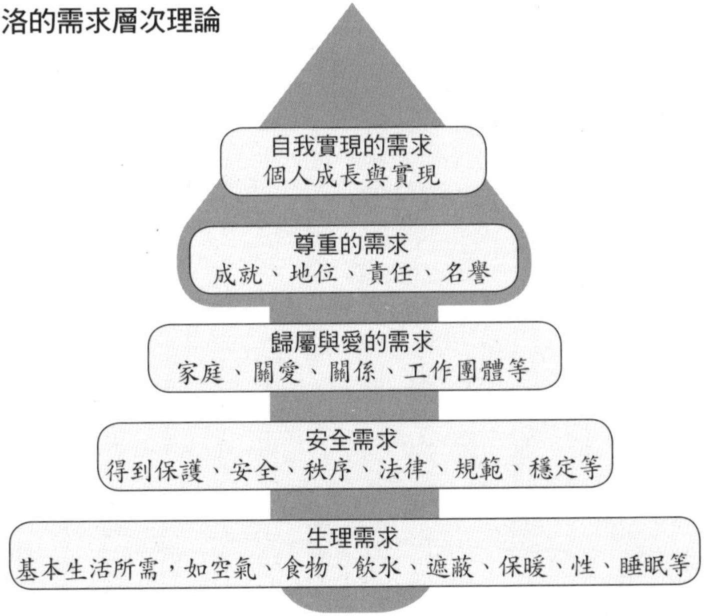

根據馬斯洛理論，人類唯有在滿足了較低層次的需求後，才會開始尋求滿足更上一層的需求。

照顧。

4. 尊重的需求：人們需要感到有自尊、成就感、專業能力，能夠獨當一面、有地位、具有主導優勢、名聲崇高、擁有管理權責等。

5. 自我實現的需求：人們需要能夠發揮自我潛能、實現自己的目標、追尋個人成長，並獲得頂尖的體驗等。

我們來看看西非迦納（Ghana）一位兒童所面臨的貧困。每天早上，九歲的小女孩在十呎見方的簡陋泥屋中醒來。她飢腸轆轆，但她知道只有在當天晚上才有食物可吃，而且前提是她母親能找到工作來換回食物。這個小女孩的第一份差事，便是跟雙胞胎妹妹走上一哩多的路，扛幾加侖的水回來。每加侖的水重達八磅，這對姊妹倆來說，都是極其吃力的工作。

她們睡在厚紙板做的床墊上，她們沒有鞋子。她們眼睜睜看著更年長的姊姊，因小感冒而過世。在缺乏足夠的食物、水與可遮風擋雨的家的條件下，這個小女孩不會有動機去了解，教育將如何改變她的人生。在她每天的生活中，她將無法脫離如何解決持續飢渴與疲倦的需求。

根據「慈善飲用水」（www.charitywater.org）這個組織的報告：「光是在非洲，人們每年光是花在走路找水的時間，就耗掉了四百億個小時。」你能想像嗎？直到你能親自排除每天面對的同樣障礙，你才能向前挺進。貧困是讓人「原地繞圈」的原因之一，但並非唯一原因。不妨讓我們來重新思考一下同樣的情境，但這回把角色換到你身上。你覺得現在的工作或目前的處境，像是那間十呎見方的小房般困住你多久了呢？你曾多少次感到飢餓不已——不是用來果腹的食物，而是更深層的人生養分？你曾多少次感到口渴呢？

如果你未曾讓團隊成員意識到他們對團隊有多少價值——第三層的歸屬感需求，你就無法動員團隊達成全新的業務目標——第四層的成就感需求。如果經濟狀況讓工程與設計團隊擔心飯碗不保——第二層的安全需求，要他們專注創造出精緻、美麗的新產品，恐怕就更加困難——第五層的自我實現需求。

只是想要改變並不夠，如同霍姆斯說的：「**你必須先了解，有哪些更強大的動力讓你不想改**

變。」不改變的代價是什麼？什麼讓你裹足不前？你腦中播放的是哪捲舊錄音帶？為什麼你不願意改變？

一切，都是從第一步開始

在你還沒發現之前，兩小時四十三分鐘已經過去了，至少對喬安・達爾科特（JoAnn Dahlkoetter）來說，故事是這樣開始的。喬安住在奧勒岡州波特蘭市（Portland, Oregon），為運動心理學博士學位做實習時，她發現自己喜歡跑步，便加入一個跑步團體接受訓練，不久後開始參加比賽。喬安訓練與參賽的頻率愈高，跑得就愈快。

身為運動心理學的博士生，她不光只是從書本中學習而已，還有第一手的親身體驗。關於運動員該有怎樣的準備，才能在高水平上競爭？她在接受訓練時，腦中逐漸有想法成型。她發展出一個「三P」的效能概念，應用在自己的訓練上，這「三P」分別是：正面影像（Positive Images）、能量字眼（Power Words）、專注當下（Present Focus）。

喬安花了幾週的時間，勾勒出比賽中各個面向的正面影像。日復一日，她將跑道用視覺化方式呈現在自己腦中，清楚勾勒出整個比賽的所有環節。每晚睡前，她閉上眼睛，在腦中畫出自己表現優異的圖像，想像自己如何輕鬆突破障礙。這些正面影像讓她興奮、雀躍、活力充沛且自信滿滿。

每晚睡前，她對自己說的能量字眼，撐起了她的信心。她重複對自己說威力強大的句子，如

「每一天，我都比以前更強壯」、「我相信自己」、「我有信心」，以及「每天我都跑得更快、更好」。專注當下這項能力，讓喬安能將注意力放在跨出的每一步上，不去在意還有多少步伐等著邁出。

喬安的訓練，讓她跑進了舊金山馬拉松大賽。她感到焦慮、緊張，但仍對自己的訓練有信心。她說：「我不斷對自己說，『為了這場比賽，我努力訓練自己。我很累，但我也準備好要出發了！』一直到出發槍響前，我都還不斷重複所有的能量字眼與句子。」

比賽開始後，喬安便專注當下。她說：「跑馬拉松時，人們總是在想已經跑完多少里程，許多人為了前面還沒完成的里程感到煩躁，但我可不是這樣。**我活在當下，不斷告訴自己，『重要的是眼前這一哩路。**喬安，妳能使上力的唯一一哩路，就是現在腳下在跑的這哩路。』所以，我只專注在這哩路上。」

比賽進行到十八哩處，胃抽筋幾乎讓喬安考慮退賽，但她沒有停下腳步，而是選擇放慢速度、深呼吸、相信自己的訓練。身體不適的狀況逐漸好轉，喬安得以加速前進，但疲累的感覺席捲而來。「到了某個程度，這場比賽變成一場心理競賽，我真的懷疑自己能否跑完。我感到極度疲憊，但我仍不斷對自己說，『一切都沒事，不會有問題的！』我跑向另一位選手，我知道他肯定也很疲累。我請他跟我說話，告訴我一些東西，什麼都可以，好讓我能從疲累與痛苦的感受中，轉移注意力。」喬安專注在這個人的故事上，因此忘了自己的痛苦與疲憊。

當終點線總算出現在眼前時，喬安說：「就在不久前，身體上的疲憊，徹底籠罩住我。現在，腎上腺素在我體內衝刺，痛苦變成熱情。我這麼靠近終點，只剩下一點點距離。終點線就在前面，只有幾步而已。我利用正面影像、能量字眼與專注當下來激勵自己。當我愈來愈靠近終點線，看到那條線就在眼前時，我加快腳步，將雙臂往身體後側伸展，把頭高高抬起，雙眼緊盯著終點線。再跨出一步，我的身體越過終點線。」

儘管痛苦、疲憊不已，喬安仍敦促自己向前衝，並以兩小時四十三分二十秒的成績，贏得一九八〇年舊金山馬拉松的冠軍。她利用正面影像與自我對話，讓自己專注在目標上。向前繼續的企圖心，成就了她稱為是自己人生競賽的比賽。

企圖心的七大特徵

今日，喬安・達爾科特博士已經成為運動心理學專家與教練，也是運動休閒類暢銷書《你的績效優勢：運動、健康與生命的全面身心指南》（*Your Performing Edge: The Complete Mind-Body Guide for Excellence in Sports, Health, and Life*）的作者。過去十年來，她在史丹佛大學醫學中心（Stanford University Medical Center）服務。她擁有超過二十多年的臨床經驗，讓她成為享譽國際的運動績效顧問與教練。她輔導過許多奧運選手，而她自己本身也是世界級的運動員，她教其他人如何利用企圖心與訓練技巧，來改善成績。

喬安表示：「企圖心基本上就是一種內在欲望。無論你是奧運選手、企業主管、業務員，還是老師，你肯定都會渴求成功、渴求佳績、渴求發揮自己的潛力，成為最好的人，這就是企圖心。企圖心從夢想開始；企圖心來自你的內心。這必須是個內在欲望，是在你心中燃燒的一把火，是一股想要成就熱情事物的強烈意願。」

還記得厄爾嗎？他擁有好幾個絕對是不可或缺的外在動力，但是當決定一生的關鍵時刻降臨時，是內在的企圖心決定他終將發揮天賦締造紀錄。外在動力產生的效應，不過像是閃電雷擊，打破內在自我設限的心態，並不具備內在企圖心一樣的解放力。喬安剖析了好幾個展現高度企圖心的人物，在研究許多成就優異的運動員與頂尖商業人士後，她發現這些人，無論男女，並非具備超能力，但他們都有類似的特徵。喬安歸納出下列企圖心的七大特徵，好消息是，凡是真正想要活出精彩人生的人，都能培養出這些特徵。

1. 熱情與欲望。想要真正找到動力，你必須熱愛你做的事，這件事必須拉著你向前走。各個領域的頂尖人物，心中都有一股飢渴感或是一把火，點燃他們追求成就的熱情。所以，**想要在人生中成就任何事，必須先從一個願景或夢想開始著手**。你愈能清楚勾勒出心中的夢想，這個夢想就愈可能實現。就如同喬安想像在終點線上有個大磁鐵，吸引她向前進，將她愈吸愈近。

2. 成功的勇氣。一旦有了欲望、熱情，以及想成就某個目標的企圖心後，你必須拿出勇氣實踐自己的夢想。勇氣能夠賦予你力量，讓你大膽放手一搏，讓夢想成真。要有勇氣才能犧牲，人人皆能做夢，但當你疲累、想放棄時，得靠勇氣才能堅持下去。**每個人都會面對考驗及障礙，唯有勇者才能克服障礙，繼續向前。**

3. **自我導航。冠軍從很早開始，就知道他們接受訓練與參加競賽，是為了跟自己比賽，不是跟他人競爭。**他們的企圖心，不是為了父母或教練進步，也不是為了獎牌或獎金，而是為了自己。來自內心深處的一股動力，會驅策、指導他們的想法與行動。目標與企圖心緊密相連，但推動冠軍向前的目標，乃是來自內心的那把火、那股熱情。跟受到他人或是像金錢這種外在動力驅動的目標相比，自我導航的目標是在一種全然不同的層次上驅動、啟發著我們。

4. **堅持卓越。**高成就者總是堅持要充分發揮自己的潛能，達到最好的成績。頂尖人物會設定優先順序，他們堅持卓越，設法讓自己的夢想成真。喬安跟奧運選手合作時，都會要求選手將目前狀況與理想目標相比，從一到十來打分數，然後要求他們承諾每天都盡力發揮自己的能力，將想要做的事做到最好。**在人生的任何領域想要締造優異的表現，都需要堅持追求卓越。**這項承諾，需要專注的時間及高度的注意力。將自己推到巔峰狀況，會讓你有怎樣的感受呢？

5. **紀律與組織力。**紀律與組織力，往往是最難培養的生活能力。許多人真的有企圖心想要成就一番事業，但企圖心必須要有紀律、持續不懈，也要有組織的能力。紀律表示每天都得努力，有時甚至是每分鐘都不能鬆懈。我們能學習並改善自己的紀律，如果你熱愛自己的工作，想要培養紀律會比較容易。**頂尖人物的紀律準則之一，就是在正確的時間點，激發最佳的衝勁與能量，來保持**

自己的企圖心。就像心臟適時輸送足量的血液一樣，紀律也發揮同樣的功能。紀律與組織力能讓你愈做愈深、堅持不懈。紀律不是一種情緒上的感受，而是一個決定；組織力不是一項內在技能，而是一種選擇。

6. 在專注與放鬆間取得平衡。專注能創造出高度能量，放鬆則能令人恢復精神，想要維持高度的企圖心，必須在這兩者間做出適當的拿捏及調整。冠軍能長時間維持專注力，聚焦在能讓自己表現良好的事情上，並將眼光從無關緊要的事情上移開。充分掌控自己的注意力與焦點，對維持企圖心來說非常重要。你必須學習如何聚焦注意力，把對你最重要的事情放大。但放鬆的能力同樣重要，為了發揮創意、讓體力足以應付挑戰，甚至為了陪伴家人與朋友，你的身心需要重新充電，而這只有通過放鬆才有辦法。對某些人來說，放鬆也是一種需要紀律的行為。請記得，「休憩」（recreation）這個字在英文來說，其實就是「再創造」（re-creation），也許這能幫助你將放鬆列為優先要務。

7. 應付逆境的能力。挫敗與困境難以避免，這是人生的常態，人人都會面臨挑戰。逆境能淬鍊你的性格，精英運動員都知道，當勝算不大時，自己反而有更大的成長機會，能夠測試潛能的極限。**逆境往往是點燃你心中那把火的火種；與其逃避壓力，不如讓壓力打開個人成長的大門，因為個人成長能讓你重新找回企圖心**。

我想要一個在胸懷燃起熊熊烈火的人生，擁有信仰、不斷成長，難道你不想嗎？好消息是，我們都辦得到！強化企圖心是可能的，前述七大特徵都是我們能夠學習、培養的特徵。你的企圖心來自何處？我們已經從認知與情感的角度來檢視企圖心，接下來讓我們從科學的角度來剖析企圖心。

落差提醒我們追求更美好的人生

對多數人來說，企圖心是由某個驅動力所啟動，可能是情感經驗、競爭心，或是受某人某事激發的欲望感受。有兩股常見的驅動力啟發企圖心：擺脫痛苦；追求快樂。

也許，在跟一個外型光鮮亮麗的朋友共進午餐後，你會開始產生想要進行健康飲食的企圖心——避免自我失望的痛苦。也可能是你去某個朋友家玩後，看到他們家這麼整齊、明亮，讓你靈光乍現，想要整理一下自己的廚房——追求環境整潔的快樂。

不論背後有哪些動力，你眼前所處情況與理想狀態間，通常都有一段落差。這不是說你不知道有這些落差的存在；事實上，某些改變的想法，如「如果當時那樣，現在會是怎樣？」，或是「我多希望……」等，也許早在你心中盤旋數個月，甚至數年之久。但當你看到他人過著令你欣羨的生活時，會忽然驅策你採取行動。

落差讓我們感覺自己好像沒有充分過好人生，雖然會帶給我們壓力，卻也能讓我們理解到自己的人生缺乏哪些東西，激發我們追求改變與成長的欲望。當你坐在朋友家中時，你的大腦會感受到一股落差：一端是家裡現在的樣子，另一端則是你理想中有條不紊、乾淨、整齊的房子。當你跟朋

現實與理想的落差

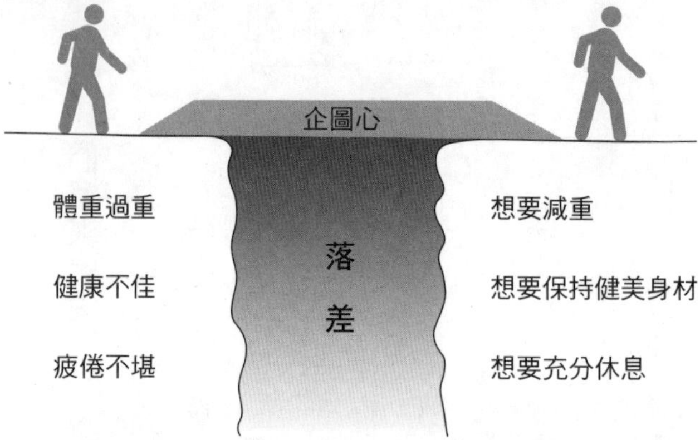

你需要強烈的企圖心，才能從目前狀況跨越到理想狀態。
你需要企圖心來填補這個落差。

友共進午餐，看到她朝氣蓬勃的健美體態時，你的大腦也會看到一個落差：你目前的體重，與你在過去兩年一直想甩掉的那七、八公斤。

上面這張圖表，說明企圖心最簡單的運作方式。

為什麼新年新希望總是無法達成？

我喜歡神經可塑性與企圖心的科學，我想讓你清楚了解在你每個決定的背後，有哪些選擇原因及決定方式，以便幫助你在未來做出更好的決定。

前額葉皮質層（prefrontal cortex）是大腦中負責思考的部分，這是決定我們人生的重要關鍵處，在這個位於額頭正後方的區域中，我們創造出點子、反覆思索想法；想像力在此成長或死去，判斷也在此成定局。人類大腦的這個部分高度發展，這是你界定意義、規劃未來與發揮想像力的地方。你的價值觀、優先要務、人生目的、目標、動力、企圖心、學習、愛與希望，全都集中在此。

米哈里・契克森米哈賴（Mihaly Csikszentmihalyi）是我最喜歡的作家與心理學家，他在《生命的心流》（*Finding Flow: The Psychology of Engagement with Everyday Life*）一書中如此說道：「我們稱為思考的這件事，其實就是（心理）能量接收命令的過程……思維創造出一連串的影像，並依某種有意義的方式將影像依序連結起來，這是思維如何命令注意力集中的方法。為了執行更深層的心理運作（也就是思考），人們必須學會如何集中注意力。要是沒有了專注焦點，意識就會處於一團混亂的狀態中。大腦的正常狀態是處於資訊不協調的混亂中，思緒隨意相互碰撞，並非有邏輯地依序排列。除非人們學會集中注意力，並能親身力行，否則思緒將會零星散落，無法達到一個結論。」

請再花點時間，重新思考前述這段話。若是你的思緒澄澈、注意力集中，不再活在心理混亂中，你的生活將出現怎樣的變化？前額葉皮質層常被稱為是肩負「執行功能」的大腦區塊，主宰思考、規劃、聚焦、集中注意力、控制衝動、掌控意願、做出重大決策、選擇適當行為、確立目標、朝目標積極前進等功能。現在，請將你的食指放在左眼睫毛上方，停留一下子，想像一下你的身心如何合而為一，然後問自己：「我最深的欲望是什麼？我對人生的真正企求是什麼？哪些東西讓我的人生充滿意義？」

你的每個思維與口中說出的話，都會形塑你的人生體驗。把你的想法與欲望說出來，並訴諸文字記錄下來，將會創造出新的神經通道，幫你做出前後一致的選擇、改善你的人生。這就是為何一份書面宣言如此重要，因為它幫你銘記人生目的，敦促你不要只是空想，還要起而行！明確知道什麼對你最重要，將你的人生目的訴諸文字、時刻提醒自己，就能改變你的人生。

你是否曾經想過，改變為什麼如此困難？最好的解釋方法，便是「體內平衡」（homeostasis）這個概念。體內平衡是人體追求內在平衡狀態的作用，比方說，不論室內外溫度如何，人體的正常溫度總是維持在三七℃。另一個例子是血糖值，即便一天不吃任何東西，你的血糖值仍能保持相當穩定的水平。從血壓、睡眠需求、想運動的欲望到平常的食量，不論是哪件事，你的身體有一條自己很熟悉的路徑。

當你決定改變時，你的身體會跟你對抗，這是因為體內平衡作怪之故。你的身體會說：「我不想運動，我不想節食，我不想早點上床，我不想集中注意力。」身心渴求一致性，它們想要的是熟悉的慣性，如果你試圖一次做出數個激烈的改變，身體反彈會更加激烈，想讓一切「維持正常」，這就是劇烈改變鮮少持久的原因。**每年的一月一日，千百萬人會下定決心做出一些重大改變，但也幾乎是馬上宣告失敗，因為這些改變與熟悉的習慣相距過大。**

我們都希望能輕鬆、快速地改變，但事實上，在行為與思想上持續進行微小的改變，反而才能創造出更有效的結果。這便是本書強調的概念，隨著你一小步、一小步往前進，你會強化自己的神經通道，創造出各種成長所需的連結。重複動作能打造出一條清楚、獨特的道路，走在一條清楚的軌道上，難道不比走在掩於雜草與殘跡間的小路，要來得容易許多嗎？

增添幸福感的快樂物質

多巴胺（dopamine）是大腦中部分泌的一種神經傳導物質，能讓神經元彼此溝通，被稱為「快樂物質」。你選擇如何度過每一分鐘，都是基於你覺得何者是最重要的事；事實上，你現在正在閱讀這段話，是因為你有所期望，覺得自己會學到新知。若能充分了解這個概念，便能改變自己的人生。多巴胺影響你的所做所為，影響你生活中的各個層面。多巴胺是一種讓你有所期望的藥，你的一切欲望會導致多巴胺的釋放，你所做的每個決定，都是基於身體希望釋放多巴胺的期望。

美國廣播公司（ABC）的熱門電視秀《徹底改變之家庭再造》（*Extreme Makeover: Home Edition*）是個完美案例，說明多巴胺如何影響大腦。當主持人泰・潘寧頓（Ty Pennington）拿起擴音器，向我們介紹贏得新屋的家庭時，總是讓我們全神貫注。你會看到全家人跟著他們走進舊房，一個房間接著一個房間做最後巡禮，此時多巴胺會湧入你的大腦，你的期望也隨之升高。當你看到這家人被禮車接走，開始一週假期好讓老家打掉重建，你會感到興奮、心中充滿喜悅。

當大型推土機抵達時，為期七天的倒數計時開始，你心中暗自叫好。你想要看到一個家庭得到安全、美麗的新家，這種希望吸引了你的心。雖然這只是六十分鐘的節目，但隨著時間流逝到最後一秒，我感覺自己像個站在歡呼群眾裡的小孩，等不及想看到這項七天行動，將帶給這個家庭怎樣的愛的禮物。最後，當近千人簇擁著這個家庭，你的期望情緒變得愈來愈強烈，迫不及待等著工作人員大聲喊出最後那句「把巴士移走！」。在那一刻，你大腦中的多巴胺水平會激升一〇〇%，希望與嚮往讓你心神激盪。對於剛剛打造出來的新家，你覺得自己彷彿也助了一臂之力，好像是這個家庭的成員之一。你感覺受到激勵與啟發，你覺得真是太棒了！

多巴胺威力強大，但供給量卻有限度，一旦用過後就消失不見，必須想辦法讓它再生循環。雖說多巴胺能被人工合成製造出來，但卻無法穿透血液到大腦之間的門防，所以你有多少，就是多少。**多巴胺水平會影響你的行動、記憶、學習、睡眠與心情。壓力、焦慮、睡眠不足、特定抗憂鬱藥、藥物使用、營養不足、酒精、過多咖啡因，甚至是糖，都會降低多巴胺的水平。**透過每天運動與簡單的營養攝取，有助於提升多巴胺的自然供給，包括攝取成熟香蕉、全麥、杏仁、酪梨、朝鮮薊、乳製品、利馬豆、南瓜籽、芝麻籽，與大多數擁有豐富抗氧化物的食物如蔬果，特別是藍莓、蔓越莓、草莓等。

多巴胺是期望的神經傳導物質，在看了《徹底改變之家庭再造》或《超級減肥王》（*The Biggest Loser*）後，你覺得自己彷彿能征服這個世界。但在節目結束後，你發現自己回到沙發上的現實世界。多巴胺只是一個引爆點，儘管威力強大，卻也變幻無常。我們無法仰賴多巴胺協助我們做出重大、持久的改變，想要做出重大、持久的改變，每天所做的選擇都必須朝著目標邁進。由大腦中部控制、追求獎勵的短暫行為，與由前額葉皮質層控制、不受情緒影響、精心規劃、慎密思考後每天付諸實現的決定，兩者間有天差地別。你不該由情緒或原始衝動來驅動你；相反地，你的目標應該是從自己服膺的價值觀出發，養成新習慣來完成改變。

走出一條新的路徑

每個人都會因為不同結果而受到激勵，想像一下，你的神經連結是一片長草密布的曠野。你站在原野的邊緣，想要走到對面的另一端。當你跨出第一步走進原野時，及胸的雜草牽絆住你，每一步都走得很艱辛。你能清楚看到另一端，但要穿越草原卻很困難。不過，你相當努力，總算慢慢抵達另一端。

隔天，你想再度完成同樣的任務，並從同樣的出發點開始。你能清楚看到昨天走過的痕跡，但雜草稍微被踐踏折彎，現在你知道下一步該怎麼走。雖然步履依舊艱辛、雜草依舊高揚、行走依舊有困難，但因為你已經走過，所以你知道自己終能走到另一端。再下一天，你重複走同樣的路，但現在可不再那樣令人膽戰心驚。你每天重複同樣的路，步伐就變得更加輕鬆。如果你在九十天內都走同樣的路，這片高草原野會出現怎樣的變化？你將會踏出一條明顯的小徑，一度曾經必須披荊斬棘的路徑，現在變成慣常的輕鬆腳步。

你想走一條難走或好走的路呢？我們當然都想走輕鬆的路。我們會選擇熟悉的路徑，而非改變。但一旦你知道只要透過不斷地重複，全新、熟悉的路徑也能被創造出來，你便理解自己擁有自由與能力，能選擇跟過去完全不同的人生——這是多麼鼓舞人心的領悟！人生是一片接一片的新草地，每回遇上新挑戰時，你就得做出一連串的新決定。只要你每次重複一個動作，就會強化大腦中的神經連結，就像你把草地踩平一樣。**不要害怕新挑戰；相反地，你要有意識地讓自己理解，當你試圖將更好的新工作想法融入生活中時，體內平衡跟追求熟悉的慣性，可能會將你拉回老路子上——這個理解能讓你做好適當的心理準備。**

有人每週會利用幾天早起慢跑，這是很棒的事。還有少數跑者會花時間規劃晨跑路線，而更投入的跑者會參加馬拉松，耗上幾個月的時間訓練自己，為每場比賽做好準備。在現實生活中，真正贏得馬拉松的人少之又少，但這些男女選手用熱情與動力投入目標與訓練中，為自己設下巨大的個人挑戰，然後勇往向前克服挑戰。若你想要獲得更多的生活收穫，可以先利用寫下九十天書面目標的做法，來界定何謂更多的收穫。

你的個人目標必須以自身的優先要務為基礎，當你設定目標時，請謹記：冠軍都是依照自己的內在動力來選擇目標，而非受到外在壓力的影響。你的目標必須服膺於你所追求的價值觀與人生目的，否則這些目標將會引你走上錯誤的道路，反而擴大你與所追求的價值觀和人生目的之間的落差。唯有當目標與優先要務一致時，你才會有足夠的動力，每天採取行動來達成這些目標。

所以，我們要問的問題是：「從今天開始的九十天後，你想成為怎樣的人？」你會讀完哪些書？遇見哪些人？都吃些什麼？進行多少運動？擁有多少睡眠？專注在什麼事情上？生活是否變得不一樣？你是否會找到自己的人生目的？九十天很快就會過去，九十天後你將成為怎樣的人？

在帶各位擬定九十天的目標之前，我想先跟大家分享一個微行動如何創造大改變。

專注重點，效果加倍

約翰・韋勒（John Weller）是領有證照的房貸專家，在這行工作了十八年之久，如果用前述的比喻來說的話，約翰絕對是受過良好訓練的馬拉松跑者。當美國銀行業在二〇〇八年陷入金融海嘯危機時，許多房貸從業人員都離開這一行，留下的人必須承擔許多載有新規範及限制的文書作業。約翰向來認真看待自己的工作，使命感驅使他協助客戶更加慎密思考，做出更好的購屋與房貸決定。然而，要達到這些目標的困難度，卻在一夕之間劇烈暴漲。

過去十多年來，約翰曾被兩本產業指標刊物——《房貸專家雜誌》（*Mortgage Originator Magazine*）與《房貸指南》（*Scotsman Guide*），評為美國最傑出的房貸專業人士，因此到了二〇〇九年，約翰認為自己事業成功，不僅樂在工作，也樂於跟客戶與同事相處。但在他心中，他認為效率不彰與諸多令他分心的雜務，讓他無法更上一層樓。他認為，在新的金融環境中，僅是加倍努力工作，也無法讓他完成更偉大的志業。他相信，若是他做出若干根本性的改變，他的行業所面臨的危機，將是他向前大躍進的契機。

在二〇〇九年底，約翰讀了我的前一本書《七分鐘的差異》，花了好幾天的時間進行書中的練習，包括找出問題、設定優先順序，以及確認自己的價值觀、使命與人生目的，還有需要改善的領域。他說：「我發現，這個過程威力強大、啟發人心，用書裡提供的圖表來做練習也相對容易。我在二〇〇九年聖誕假期邊讀這本書邊做筆記，逐一回答各個練習竟是如此容易，讓我感到很意外。每個練習只需要花上七分鐘，我很喜歡這個點子。」

隨著答案從腦中傾瀉而出，約翰開始理解自己追求的價值觀與優先要務，並非總是與充斥在日常生活中的尋常任務、電話與會議一致，所以他列出了一些全新標竿。在當房貸專員時，約翰正常的工作天通常得花上一、兩個小時處理電子郵件；兩、三個小時在車上奔波；三、四個小時協助貸款客戶與房地產經紀人解決問題，準備好房貸融資方案。

約翰說：「我的時間至少有一半，都是花在解決不同緊急狀況及問題上，如貸款文件的問題、客戶資格審核問題、房地產經紀人對估價不滿等。我就像消防員東奔西跑，設法滅掉在不同地方隨意冒出的小火苗。我並不是在抱怨，這份工作真的很適合我，因為我很樂於解決問題。我知道每當我有機會撲滅這些小火苗時，我就是在火線上拯救一個家庭及他們的房子。我有輕微的讀寫障礙，但我利用反推的工作技巧，從『最終的理想結果』回推到『我今天能做什麼？』，以決定應該採取什麼步驟。無論如何，我在工作上的挑戰，永遠是如何敲定更多房貸案，並解決相關問題。客戶與他們的問題，往往主宰了我一天的工作內容，而不是由我自己主動決定每天要做的事與目標。」

在進行《七分鐘的差異》的練習時，約翰對「最後一碼線」（one-yard line）的概念，特別感到印象深刻，因為有時在一項任務或電話交涉結束前，只要多使上一把勁做終點前的衝刺，就會帶來更大的成效。「不論一通電話或一場會議耗上七分鐘或七十分鐘的時間，總是那最後一分鐘才能創造出最大的改變，不論我是否跨越終點線或者停在那一碼線上。我很喜歡這個概念！」明確來說，約翰發現自己生命中的優先要務與意義，不光只是工作而已。他決定將二〇一〇年設為「深層關係年」，因為他了解到這才是他人生珍視的重要價值觀之一。

約翰決定專注深化與重要的人之間的關係，包括他的重要客戶、推薦夥伴、同事，尤其是他的家人。在重新審視人生目的時，他表示：「這提醒了我，在我人生當中最重要的，就是我身邊的人，不是只要把事情做好而已。」每次約翰與人碰面或在電話上交談，他都真心想要跟對方在更深的層次上互動。他想要聆聽、跟對方心靈交流，對他們的人生做出有價值的貢獻。

「我願意花更多時間、投入更多心血，如果這是最後需要的衝刺。我養成寫下姓名、深呼吸微笑迎人的習慣，每當我真的能與對方建立深層連結時，我就會覺得自己的工作很圓滿，那天便能更專注在最重要的事情上。對我來說，每次打完一通電話或開完一場會議，親手寫下對方的名字，比用電腦打字記錄要來得更為有效。此外，雖然我開車有時必須講電話，但這些電話溝通往往很成功。我每天通勤一趟就要一小時，所以我時常會停到路邊講電話，好讓自己能專心聆聽、做紀錄。巧合的是，我想，跟我說話的人也都知道在那當下，他們便是我最優先的事，因為他們都會知道我停到路邊跟他們通話。雖然這個習慣有時會延長我的通勤時間，但我真的認為這讓我更貼近我所關心的人。」

在二〇〇九年末，約翰開始使用七分鐘微行動計畫的工具，將思維集中在重複性的行動並養成習慣，將成效擴張到最大。**許多職場人士往往過於忙碌，無法停下來釐清什麼事對自己最重要，與在特定條件下怎樣做才能帶來最大效益。**約翰刻意採取策略性中斷的做法，在日常生活中暫停一下子，把注意力集中在如何能深化關係的做法上。當利率在二〇一〇年中期下滑，龐大的銷售商機湧現時，他便得以讓業績翻兩倍、讓平常業務量成長三倍之多。在那段業績成長的期間，他順利招聘到兩位非常重要的團隊成員，在人人都忙到焦頭爛額、壓力過重的環境中，他們對實現那些業績數字發揮了很重要的功能。

沒有多久，約翰開始有接不完的電話，因為過去這一整年來，他一直保持的人脈所提供的業務機會，塞爆了他的語音信箱。他跟團隊蓄勢待發，準備好提供最頂級的服務，要擴大比最強勁對手還要多上兩、三倍的客戶數量。二〇一〇年，約翰結案的貸款金額高達一億三百萬美元，排行全美第五十一名。他表示：「雖然我們在那年很辛苦，才有辦法創造這種好成績，但我們是團隊合作，秉持著幫助人們生活得更好的正面態度，所以還是能夠樂在其中。」約翰以深化關係及做出微小調整以俾「衝刺達陣」，成功在一年內讓業績成長兩倍之多。

設定九十天的目標

人生目的是你此生想完成的志向，決定你如何使用自己與生俱來的天賦與才能；短期目標則幫助你實踐人生目的。定期寫下書面目標，規劃達成這些目標的方式，就能改變你的生活。成功學大師布萊恩・崔西（Brian Tracy）在《目標》（*Goals*）一書中，鼓勵人們採取下列三項行動：

1. **寫下目標。**光有模糊想法是不夠的，你必須擬定明確、可測量的目標，以白紙黑字寫下。
2. **規劃達成目標的方式。**你得確認達成目標要採取哪些步驟，然後寫下必要的行動。
3. **每天都要落實計劃。**抱著「打工心態」是無法實踐多數目標的，你必須每天關注並採取行動。

當你的短期目標清楚時，你離實現人生目的就更靠近一步。短期目標可以跟個人或工作有關，可以微小也可以偉大，可以是九十天後或明天就達成，也可以是你希望此生留下的影響。現在，請你花一點時間思考你的目標，想想哪些事能幫助你實現人生目的。你可以先從列出這輩子想要的東西開始，如：

- 健康很重要嗎？更多活力是否幫助你實現夢想？
- 關係改善是否能讓你的生命更美好？
- 你是否想擁有刺激或具教育啟發性的體驗？

如果你在設定目標上有困難，不妨回到前面的幾個小練習，看一下你的使命宣言、優先要務與

90 天個人目標工作表

目標	日期 完成者
1. 我現在擁有一生中最棒的身材。	
行動　每週 4 次，每次走路 30 分鐘。	
行動　每週做 2 次柔軟體操。	成果如何？
行動　每天遛狗散步 20 分鐘。	
行動　吃健康食物，保持精力充沛。	
行動　每天喝 1700CC 的水。	
2. 我正在持續學習中。	
行動　每週讀一本書。	
行動　列出一張想讀的圖書清單。	成果如何？
行動　每天讀 10 頁以增長知識。	
行動　利用 iPhone 聽有聲書與演講。	
行動　全心投入專家團體的活動。	

價值觀。請利用本章末的「九十天個人目標工作表」（90 Day Personal Goals Worksheet），以現在式寫下每個目標。針對每個目標，請寫出五個落實步驟，好讓你在九十天內可以成功達陣。

寫下明確的行動步驟後，請將這些行動步驟依重要性來排序，並擬定完成每項行動步驟的時間表，再將這些步驟在行事曆上標示清楚。當然，有些目標可能需要更多行動才能達成，並不一定要限制在五個步驟內。

設定你的個人目標

重複，是改變習慣的關鍵要素。每天都動用大腦，改變就會發生。以這個小練習為例，我的個人目標之一是這樣寫的：

「我『現在』擁有一生中最棒的身材。」事實上，當我寫下這個目標時，我可能並未擁有一生中最棒的身材，但用現在式寫下這個目標對我非常重要，彷彿這件事早已發生。

為了創造出新的神經通道，這樣寫幫助我看到站在草原另一端的自己：擁有曼妙身材，也有助我看到自己穿上六號牛仔褲的可愛模樣。用現在式寫下目標，能讓自己活化實踐目標的可能。

針對這項目標，我設定的行動步驟如下：

1. 每週四次，每次走路三十分鐘。
2. 每週做兩次柔軟體操。
3. 每天遛狗散步二十分鐘。
4. 吃健康食物，保持精力充沛。
5. 每天喝一七〇〇 CC 的水。

現在，也請你花點時間，利用本章末的工作表設定自己的個人目標。

設定你的工作目標

為了深入了解人們為何願意設定高挑戰性的目標，我跟暢銷書《動機，單純的力量》（*Drive: The Surprising Truth About What Motivates Us*）作者丹尼爾・品克（Daniel Pink）進行了訪談。目標若是能夠驅動你，本身就具備內在動力。根據品克的定義，這便是「做一件事的過程，本身就是一

種樂趣。」當我們熱愛所做的事時，幾乎可以為這件事免費工作，並為這件事付出最大的努力。人們在工作上遇到的最嚴重問題之一，就是忙於完成他人設定的目標，沒有時間完成自己設定的重要目標。品克在另一本書《未來在等待的人才》（*A Whole New Mind*）中，提出另外一個洞見：「意義就是新的金錢。」

接下來，我們要來擬定九十天的工作目標，在這九十天的期間，約有六十個工作天，以每天八小時來看，總共有四八〇個工作時數。雖然很多人的工作時數都超過這個數字，但我們手上的專案，真的值得我們每天耗上八個小時嗎？我們是不是分心注意遠離人生目的與意義的事情上呢？假若你善用這些規劃工具，你生命中接下來的九十天，將會非常不同。你可以獨自一人或跟團隊一起坐下來，決定哪些是你們在未來三個月真正想達成的目標。也許每九十天，你只想完成二到三項主要的工作目標。請專注在真正能提升標竿的事情上，將目標簡化成有意義的成就，並用現在式寫下工作目標，然後用可控制的行動步驟朝每項目標前進。

本章末的「九十天工作目標工作表」（90 Day Work Goals Worksheet），是本書最重要的工具之一，幫助你整理思緒，讓每個工作天都井然有序。你的工作時間是多麼地受到限制，也許你以為每天有八個小時可以工作，但其實你真正用來思考、產出的時間，可能只有三、四小時。在設定工作目標之前，請確定你的書面目標，跟你珍視的優先要務及人生目的，是在同一條線上。

當我們將「九十天工作目標工作表」發給我們的諮詢客戶時，許多人都發呆盯著這張紙，不知該從何下手。他們問：「我需要什麼才能設定目標？我該如何下手？要如何蒐集到設定目標所需的資訊？」其實做法很簡單，你可以從展望九十天後的理想生活開始下手，以現在式列出明確的目標宣言。例如，你可以說：在九十天內，我要公司營收成長五％、客戶滿意度提升一％、市佔率擴大二％、落實全新的產品設計。同樣地，每個工作目標都必須用現在式來陳述，並附帶五個具體的行動步驟——當然，有的也許會需要二十個步驟才能完成。但當你將這些步驟融入日常活動後，也許在第一週結束前就完成了三個步驟，然後在下週又完成了兩個。這張工作表最大的效用，是提供一個重要的組織架構，讓你能釐清事情的輕重緩急，簡化眾多待辦事項。

無論你是為自己或為一個團隊打拚，設定一個願景都很重要。如果你是跟一個團隊共事，那麼九十天工作目標中最重要的面向，便是將這些目標跟整個團隊溝通清楚。**在工作上由於目標溝通不良，因此浪費掉的時間令人咋舌。**蘿莉・白・瓊斯公司（Laurie Beth Jones）總經理雪莉・薛帕德（Shelly Shepherd）是我的好友，也是我的心靈導師之一。不久前，我們討論到關於動機與人生目的，她是這麼說的：「在每個人的生命中，總有一些真正深刻的痕跡，在很早的階段就已銘刻心底。人生當中有許多事情，很自然就會吸引我們，或是我們天生就很擅長的，這些『軌跡』深深刻記在大腦中。我認為人生最棒的福氣之一，就是人生目的能跟這些軌跡一致。我相信，每個人的人生都有一條自己要走的路，我們應該試圖釐清並設定與人生目的方向一致的個人目標。當我們這麼做時，肯定就能發現更多的人生意義。」

當你寫下你的目標時，請問自己下列的問題：

- 我之所以想達成這個目標，是因為它帶我更靠近人生目的嗎？
- 達成這個目標，是否能協助我變成理想中的樣子？
- 這個目標讓我周圍的世界受惠嗎？它關切的是否超越我自己？

當你的目標能支持你的人生目的時，這些目標便能解放你，讓你活出卓越人生。當你實踐自己的話語，你會發現自己開始深入下一個重要的生活狀態：成長與學習。

90 天個人目標工作表

目標	日期 完成者
1. ______	______

行動 ______
行動 ______
行動 ______
行動 ______
行動 ______

成果如何？

2. ______	______

行動 ______
行動 ______
行動 ______
行動 ______
行動 ______

成果如何？

3. ______	______

行動 ______
行動 ______
行動 ______
行動 ______
行動 ______

成果如何？

4. ______	______

行動 ______
行動 ______
行動 ______
行動 ______
行動 ______

成果如何？

5. ______	______

行動 ______
行動 ______
行動 ______
行動 ______
行動 ______

成果如何？

6. ______	______

行動 ______
行動 ______
行動 ______
行動 ______
行動 ______

成果如何？

7. ______	______

行動 ______
行動 ______
行動 ______
行動 ______
行動 ______

成果如何？

90 天工作目標工作表

目標	日期 完成者
1. ______	______

行動 ______
行動 ______
行動 ______
行動 ______
行動 ______

成果如何？

2. ______ | ______

行動 ______
行動 ______
行動 ______
行動 ______
行動 ______

成果如何？

3. ______ | ______

行動 ______
行動 ______
行動 ______
行動 ______
行動 ______

成果如何？

4. ______ | ______

行動 ______
行動 ______
行動 ______
行動 ______
行動 ______

成果如何？

5. ______ | ______

行動 ______
行動 ______
行動 ______
行動 ______
行動 ______

成果如何？

6. ______ | ______

行動 ______
行動 ______
行動 ______
行動 ______
行動 ______

成果如何？

7. ______ | ______

行動 ______
行動 ______
行動 ______
行動 ______
行動 ______

成果如何？

Chapter

6

是否持續成長與學習？

——為什麼習慣會成為學習的阻礙

如果你想要明天的生活跟今天不一樣，首先，你的心態就得變得不一樣。當你準備好成長時，就會了解不能維持原地不動，你得投注心力學習新技能，透過閱讀、聆聽演說、參加會議，與花時間和能挑戰你成長的朋友及心靈導師在一起，來增長自己的知識。伴隨成長而來的就是改變，你會變得更有創造力，新點子會從大腦中源源不絕地湧出。你會變得不一樣，能帶著全新感受和興奮雀躍感來體驗人生。

人類生來就是要學習、成長與改變。好奇心讓我們對世界感到著迷，新鮮、令人驚喜與充滿挑戰性的事物，總是能讓我們充滿活力。當我們受到鼓勵增廣見聞，發揮自己的思考技能時，便是大腦運作效能最好的時候。**人不是在成長，就是停滯不前，虛耗寶貴、有限的時間。**就像肌肉不用會萎縮一樣，大腦也渴求受到刺激。沒有刺激，即便基本的思考都會變得困難重重。很明顯，成長與學習是有意義、活躍人生的重要生活狀態。

奇蹟與學習，都能改變人生

想像一下，今晚帶著健康的身體上床睡覺，但七週後醒來卻無法動彈，會是怎樣的情景。賽斯・詹姆士（Seth James）的故事，便是這樣開始的。因為天氣關係，他受了風寒發燒，但並不是多麼嚴重。因為發燒感到疲倦，某晚他早早就上床睡覺——無人能想像之後發生的事。

隔天早上，賽斯的妻子在慌張中，打電話給他的父母——賴瑞與吉兒。她無法叫醒他，體液從他嘴中流出。當救護人員趕到這對年輕夫婦家中時，賽斯三十五歲身軀內的每個器官，都正在逐漸喪失功能。他們試圖拯救他，因為他整個人陷入昏迷狀態。醫生診斷出賽斯患了成人「雷氏症候群」（Reye's syndrome），這種疾病會攻擊人的肝與大腦，但是最嚴重的傷害來自於呼吸器官的衰竭。由於長期缺氧，賽斯的大腦嚴重受損。

接下來數週，賽斯的家人輪流照顧他，迫切希望他能醒來。最後，在第七週開始時，當賽斯太太念書給他聽時，他總算第一次開口說話：「不要吵！我自己可以讀！不要吵，我自己可以讀！」他太太微笑著回答：「好，好。」賽斯的家人因為他醒來而欣喜若狂，但他們知道復原是條漫長的路，他的身體因為缺氧而嚴重受損。他唯一能動的部位，便是右手食指，連最基本的動作技能，他都得重新學習，先從學習如何吞嚥開始。

過去五年來，賽斯已經學會如何重新動作，為了達到這個目標，他必須學會重新建立並啟動大腦中剩餘健康細胞之間的連結與通道。就像身體其他部分的細胞一樣，神經元是用來執行特定功能，但神經元的獨特之處，在於它們有能力學習執行新任務。由於賽斯的大腦已經失去大量神經元，剩下的細胞便得自我調整，才能讓賽斯順利復健；也就是說，賽斯大腦內的細胞，必須學會進行新的功能。在復健的過程中，他不斷重複同樣的動作，呼喚細胞以創造出新連結，學會執行新功能。

賽斯的身體能夠復原，簡直是個奇蹟。他現在能夠說話，右手與雙臂也已回復以往多數功能，還能抬起雙腳。當狀況好時，他甚至能站在電動輪椅車上長達十分鐘。最近，他重新學會如何在沒人協助下，自己一次坐下來幾分鐘。他能撿起小東西，當別人給他牙刷時，他也能自己刷牙。他母親吉兒表示：「我們針對他的進食能力正在努力當中，他有一支特殊叉子，每晚我陪他復健時，我們會反覆練習。」

賽斯每天都持續改善動作能力，最近他重新學會如何拿起並握住杯子。吉兒說：「當他口渴時，他可以拿起杯子自己喝水。光是這個動作，就能持續改善他的生活。想想無法自行喝水的可怕，光是這項新技能就是個很大的成就。」

賽斯的大腦重新連線，是個緩慢且耗時的過程，詹姆士一家人仍持續研究、探索每種可協助兒子重拾行動力的醫學技術。復原過程中的每個小步驟，都讓賽斯持續令醫生感到驚訝，也讓他父母欣喜雀躍。吉兒說：「我們家兒子原本是活不下來的，但我看到賽斯的神經元如何透過治療的重複練習重新連線，這真是個奇蹟！大腦充滿可塑性，今天，賽斯能做到一年前他連開始都根本不可能的動作。神經可塑性讓他重新回到我們身邊。我們需要一個奇蹟，而一次一個新的腦細胞連結，就是我們獲得的奇蹟。」

透過學習，你可以改變自己

人類天生就有好奇心，釐清如何完成新事物的挑戰，讓我們保持成長的動力。每回我們接收新訊息時，大腦就會產生全新神經連結與通道，但即便我們生來就是要成長與學習，這並非永遠都是易事。賽斯父母與物理治療師花了數千個小時來協助他復健，教導他基本的生活技能，但賽斯自己必須要有想學習的欲望，他必須每天都努力這麼做。

在上一章，你為自己設定了九十天的個人與工作目標。你有能力學習該如何完成需要完成的任務、發展需要發展的技能，並達成這些目標，但首先你必須想要學習與改變。每天持續採取這些行動，在九十天後，你將成為跟今天的你全然不同的人。「成長」兩字，蘊含著進步、擴展與讓某些東西更強大的意涵。當你成長與學習時，便會培養出新觀念，形塑你的大腦。讓我們看看下列這些重點：

- 透過運動與正確飲食，你可以改變身材。
- 透過學習新知識，你可以擴大自己賺錢的潛能。
- 了解你的言語及行動如何影響他人，你就可以改善人際關係。

成長與學習是讓人生更豐富、更有意義的泉源，當你體驗到茅塞頓開的領悟時，伴隨而來的往往是強大的動機或驅動力，讓你想要利用這個新訊息來成就某件事，這是因為學習會釋放出多巴胺！這種突破性時刻能讓你找到答案，解決可能已經苦惱你多年的問題。也許只是一個小小的修正，如早上出門前改變準備工作，忽然間全家人的生活都變得更加容易。也可能是你忽然豁然開朗，看清工作上某個重要的流程問題，或是找到價值數百萬美元難題的答案。**這種時刻看似突然，**

但事實上，這其實是長期學習、成長與覺醒的累積。

雖然你可以安於不學習，但以進化的觀點來看，學習總能讓人獲益良多。原始穴居女性聽到草叢中出現沙沙作響的聲音，卻將其當成有趣聲音而置之不理，結果卻被獅子吃掉，這時她的穴居姊妹肯定想有學習的動機。無論你是否計劃學習新事物，你的大腦都會不斷地學習。每天生活中都充滿了新鮮的學習機會，新聞、別人的想法與意見、接觸到的行銷訊息，都會勾起連你都不自覺擁有的欲望與需求。問題不在於你是否會學習，問題在於你要「選擇」學習什麼。

此時此刻，你正在學些什麼？你是否讓自己的大腦掌握了良好的學習機會？你是否用能夠充實自我的書、活動與挑戰，來滋養自己的心智？你是否理解，今日你的所學，將會形塑明日的你？從過去到現在，你在生活中學習到的一切，總和起來成就了你。**基本上，你一路上所學的，養成了你現在的人格，讓你達到目前的道德水平。你至今有所成就的總總面向，以及你是怎樣的人，都是因為你所學的一切。**從每個經驗中，大腦都會學到一些東西。

雖說我們天生就會學習，但是學習也是每天生活中要做出的抉擇。每次你做出的決定，都會形塑你思考與行為的方式。僅有少數幾件事，不是由你教導自己該怎麼做，如你從未教導心臟該如何跳動、身體該如何調節體溫等，這些都是自然發生的生理現象。但是，想想看在你的一生中，你的學習邊界將是多麼寬廣：

- **你已經學會如何用雙眼看，**觀察光線波長的不同變化，這就是我們理解色彩、陰影、深度與美麗的方式。你也學會如何欣賞壯觀的日落、如何辨認出最愛的人的臉孔與表情，當看到自己小孩臉上露出的笑容，你更覺得是上天贈與你的禮物，價值難以估計。

● **你也已經學會如何聆聽**，詮釋聲波的不同波長。若是大腦無法從周遭環境來分析這些聲音，那麼這些聲波對人耳來說便毫無意義。然而，聲音在生活中時時刻刻都存在，從胎兒只有幾個月大時在腹中聽到母親的聲音，到聽見自己小孩笑聲的單純喜悅、鳥語吟唱，以及有辦法解讀人類語言，都對我們的生活有重大影響。

你已經學會如何走路、說話、進食、大笑、閱讀、開車與愛人。你學會如何擁抱生命或害怕生命，如何開心、如何哀傷。關於學習很棒的一點，便是我們每天都能重新開始學習新事物，將生命帶往新的方向。**生命是這些學習經驗的總和，你在未來選擇學習的方向，將會鋪陳出人生的成長路途。**今天，你選擇學習什麼呢？

鑰匙就在你的手中

我一直相信，有個上了鎖但有鑰匙可開啟的祕密寶盒，隱藏所有能夠解答人生謎題的答案。我相信，僅有極少數的人擁有開啟祕密寶盒的金鑰，在人生中極有幸能一窺盒內奧祕，找到一直迫切尋找的答案。但這不是因為他們比較優秀，而是因為他們擁有知識。

事實上，祕密寶盒確實存在，你也一直能感受到它的呼喚。**這個寶盒並非身外之物，就深藏在**

你的內心深處，不斷地呼喚你，並告訴你：「明天的你，可以跟今天不一樣。」而在寶盒中的，就是學習的能力。真相是，生命中萬物皆是謎題——直到你決心解開謎題為止；生命中一切皆是挑戰——直到你決心克服挑戰為止。學習是個鍛鍊大腦、影響行為、打造人生的過程。

在工作上，我最愛的日子，便是學到一項新技能的時候，尤其是當這項新技能幾乎是出乎意料的學習。情況通常是，有個問題已經在我腦中打轉好幾天，甚至好幾個月、好幾年，在我將狀況拆解成不同情境、不同配套方案時，答案竟然就這樣神奇地出現了！我會因此有種恍然大悟的感受，知識原來源自專注，答案迎刃而解，一切都顯得如此合理，每片拼圖順利找到屬於自己的正確位置。

這些時刻雖然看似偶然，但絕非意外。我已經花了好幾個小時、好幾天，甚至好幾年的時間，在學習、研究並尋找知識。在這段期間，隨著我一路成長，我的網狀啟動系統也不斷地在幕後運轉，學習該允許哪些新訊息進入我有意識的覺知中。當我得以一窺祕密寶盒的奧祕時，就是我工作中最快樂的時候。答案出現了，知識也隨之而來，這時人生就會開始迎接新的意義。

我知道，如果你也跟我一樣，你對自己的人生就有更高的期望。**如果你想要更多，就不能站在原地不動，你必須選擇改變。**學習就是成長與改變的過程，也是生命中很重要的一部分。所以，我希望你能理解學習的好處。接下來，我想先討論大腦如何學習，這也是很重要的事。

你怎麼想，就成為怎樣的人

我曾在廚房流理臺上裝了一塊鐵板，並告訴我十四歲的女兒：「小心，不要碰到鐵板，還很燙。」在這個「燙」字還來不及說出口前，我女兒就伸手碰觸鐵板，彷彿要親自確認我說的是不是真話。鐵板當然還很燙，燒痛的震撼讓她全身縮了起來，雙眼從滿是好奇的眼光變成淚光盈盈。當然，她從很小開始就知道不能碰觸燒燙的東西，但好奇心會戰勝理智，有時我們會告訴自己：「不不，這次一定不一樣！」現在我可以很肯定地說，我女兒再也不覺得有碰觸熱鐵板的必要性——經驗是很棒的老師。

不管痛苦、喜悅、欲望、恐懼、愛、傷害與獎賞，各種經驗都會刺激我們學習，我們看不到的是當我們在學習時，大腦內部如何運作，而這正是行動發生的地方！學習發生在大腦的細胞層，我們體內千億個神經元，每個都充滿化學與電子作用，每天都能思考、想像、創造與學習。為了更理解大腦的細胞架構，請你將每個細胞想像成森林裡的一棵樹，只要有足夠的營養與水分，每個大腦細胞——也就是神經元，都能長出許多被稱為「樹枝石」(dendrites)的分枝。這些分枝愈厚實、愈強壯，愈靠近樹木——也就是神經元，就會有更多分枝能跟它們溝通。

思維在腦中激盪，就像松鼠在樹幹上東奔西跑，從一棵樹跳到另一棵樹一樣。唯一不同的是，大腦中電子傳導作用的傳導速度，能高達每小時二六八哩，而每個神經元最多可跟鄰近的一萬五千個神經元建立連結。神經元光靠自己並不太能發光發熱，它們要結合起來才有力量。你腦中思量的每個想法、採取的每個動作、每次心跳、每口呼吸，都是由數兆的神經元連結所控制——據估計，成人體內約有五百兆個「突觸」（synapse）連結。想像一下夜空，彷彿你看到數以兆計的電流，傳導在不同星星之間。在你的人生中，大腦從不關機，甚至未曾有過一刻休息。

這些龐大的連結，讓人類的學習潛能看似無窮無盡。學習的關鍵在於確認大腦內部的細胞結構，力量夠強大且觸角夠廣，才能以全新、有效的方式進行連結。學習會刺激新的連結，重複則會強化連結；學習會改變大腦的實體架構。我得承認，我的確不太像五十多歲的中年女子，反而比較像個宅男青少年——舉例來說，你大概不會在週五晚上，在YouTube看關於大腦的影片吧！我讀的第一本書是諾曼・多吉博士所寫的《改變是大腦的天性》（*The Brain that Changes Itself*），他是在哥倫比亞大學與多倫多大學進行研究的精神病學家與心理分析師。

大腦具備可塑性的概念震撼了我，讓我想了解大腦是如何運作的。其後，我讀了丹尼爾・亞曼（Daniel Amen）所寫的《一生都受用的大腦救命手冊》（*Change Your Brain, Change Your Life*）、溫佛瑞・蓋拉佛寫的《全神貫注的生命》、米哈里・契克森米哈賴寫的《快樂，從心開始》（*Flow: The Psychology of Optimal Experience*）、約翰・瑞提（John J. Ratey）與艾瑞克・海格曼（Eric Hagerman）合著的《運動改造大腦》（*Spark: The Revolutionary New Science of Exercise and the Brain*），以及露西・喬・帕拉迪諾（Lucy Jo Palladino）寫的《注意力曲線》（*Find Your Focus Zone*）等書。

大腦重約三磅（一・三六公斤），大腦粉灰色的外表，看起來有點黏稠、噁心。大腦外層是厚

大腦皮質層與神經元

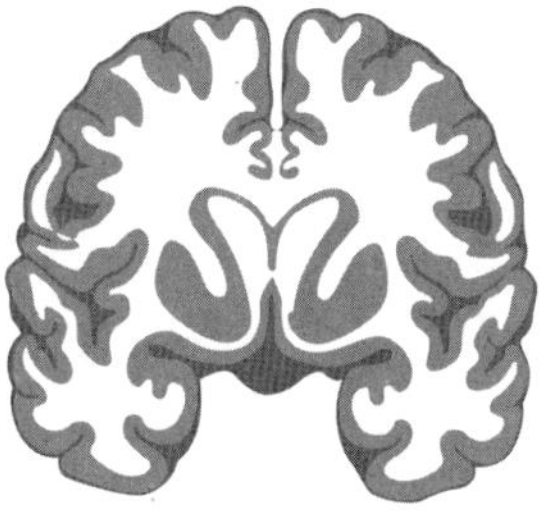

大腦皮質層僅有 0.64 公分厚。

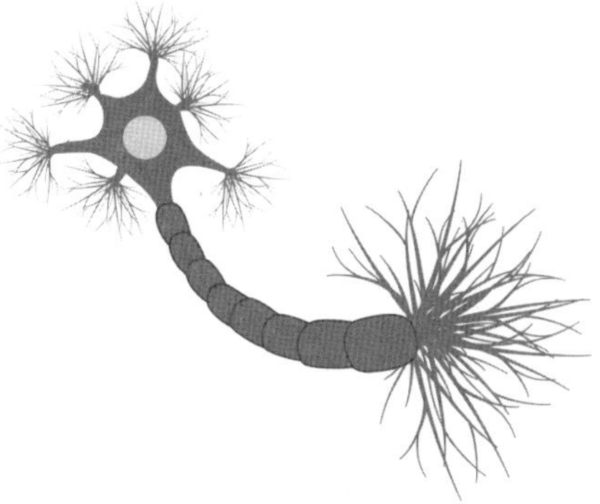

這是單一神經元的樣貌。

度僅有四分之一吋（〇・六四公分）的皮質層（cortex），讓我們有觀看、感覺、聆聽與說話的能力。在眼睛上方的前額葉皮質層，掌控思考、規劃與想像的能力。我們之所以能想出新點子，乃是拜前額葉皮質層所賜。

大腦的神經元就像長有許多枝幹的小樹一樣，大腦的神奇之處在於這些被稱為「樹枝石」的分枝竟然能成長！我們可以將樹枝石想像成大腦的肌肉，當我們用全新、有效率的方式來使用它們時，樹枝石的數量與長度都會增加，就好像當你運動時，身體肌肉會跟著變壯一樣。在兩個神經元之間有個細微縫隙，被稱為神經元「突觸」。電子傳導作用是由一連串的化學反應啟動，讓神經傳導物質從一個神經元傳到另一個，如此反覆循環下去。這種電子與化學活動之間的互動，是人類思維的基礎。人類大腦內上千億神經元具備串聯許多連結的潛能，這表示你具備了思考、想像、創造與學習的龐大潛能。

這些話聽起來像理工科宅男說的話嗎？沒錯。但當我了解流竄在我腦中的每個想法，原來是通過數百萬個神經元的化學與電子傳導作用所造成，讓神經元之間的連結愈來愈強壯，我現在知道自己所學、所思、所做的一切，能夠強化或減弱這些連結。這就是持續學習與成長，為何對創造有意義人生如此重要的原因，也是在日常生活中有意識地做出抉擇是如此重要的原因。若是我們能持續做出實踐人生目的的抉擇，持續做出對人生正面的選擇，就變得益發容易。**成功會招來成功，刻意重複的行為能強化神經連結，這些連結又能進一步讓我們更容易做出睿智的選擇。**

敲響你腦中的中央C音鍵

如果你碰觸熱鐵板，你的行為會立刻改變，但改變並非總是立刻就會發生。成功的運動員都有強烈的成就動機，會利用類似的方法達成目標。在接受一系列的體能訓練並觀察成績之後，他們會定期接受測驗並問自己：「我這次是否更快、更強、更靈活呢？我的弱點在哪？要如何消除或減輕這些弱點？」

你要如何測量你的改變幅度呢？定期拿出一些依據來比較，尋找你已經改變的證據。就像運動員般，持續練習以達成目標。請謹記，你必須抱著「練習就跟正式上場一樣」的心態，這樣每次練習才會全力以赴。**「練習才能成就完美」，這句話雖是老生常談，卻是非常真切的一句話。學會抱**

著一種期待重複行為的心態，將有助你締造出自己渴望的成績。

大腦是非常有效率的學習機器，能迅速處理龐大的資訊量。大腦以科學家稱為「認知模式」（cognitive models）的方式來運作，認知模式其實就是能辨認出某種特定模式，並快速將其與先前經驗產生連結的能力。無論是開車路線、每天早上出門前的準備動作，你腦裡都有一套模式；事實上，在你每天進行的活動中，九五%都有模式。

有時模式會過時，無法發揮很好的效用，但因為熟悉之故，我們仍會持續沿用。例如，你也許發現自己開會總是遲到，或者周圍環境總是陷入混亂當中，你知道這種行為對自己沒好處，甚至希望能夠改變，但因為熟悉之故，這仍是你選擇沿用的認知模式。**當認知模式過時時，它們就變成阻礙我們快速進步的陋習。**

為了在大腦創造新的連結，我們必須強迫自己產生新思維，有意識地做出努力，採取新的生活作為。例如，如果你的身材變形，你必須有自覺地選擇每天運動，否則你的認知模式會讓你繼續躺在沙發上。人類的大腦總是在尋找模式，我們會將新訊息與過去經驗做連結，然後再交叉比對，將這個資訊與更久以前的訊息相互連結，以創造資源、做出回應，好讓我們在當下能夠做出決定。我們檢視以往學到的經驗，據此做出選擇，很自然地就自問：「上次做得最好的是什麼？哪些地方該改進？」但為了創造改變，我們必須改問：「怎樣的選擇，才會創造出理想中的新結果？」而學習，便是完成這個目的的過程。

在大腦如何學習的理論中，有個有趣的理論，便是「鋼琴理論」（the piano theory）。如果室內有兩架鋼琴，你彈了其中一架的中央C音鍵，另一架鋼琴的中央C琴弦也會跟著開始振動。即便每架鋼琴約有兩百條琴弦，但僅有中央C琴弦與緊鄰它的琴弦會振動；儘管音調響徹整個房間，只有相對應的琴弦會振動並回應——這便是你面臨新狀況或學習機會時的回應方式，當你面對新資訊時，大腦就像電腦處理器一樣進行配對，尋找最符合、最接近你已經了解的東西。

在你大腦儲存的所有資訊中，神經元會像琴弦般開始振動，透過化學與電流作用，你已知的經驗會被帶到你的意識區，讓你試著去理解新處境。透過一而再、再而三地重複正面習慣，在你的大腦中創造出更深的連結與通道，當你將新舊觀念串聯在一起時，你就是在學習。若將鋼琴理論應用在商業世界，會出現一個問題，那就是當企業面臨挑戰或新狀況時，往往會回頭訴諸以前奏效的舊想法，而非將這些舊想法當成是學習新觀念、新創意與新機會的起點，用更好的方式來解決獨特的問題。

大腦是個威力強大的平行處理器，能以驚人速度處理資訊，為了打破或建立習慣，我們必須攔截大腦的自動回應，有意識地選擇自己採取的行動。**我們必須有自覺地不斷自問：「現在把注意力放在這裡，是最好的選擇嗎？把時間花在這件事上，是否會讓生活變得更豐富、更有意義呢？」**例如，你可能很常查看智慧型手機，但是當你跟家人共進晚餐、在教堂做禮拜，或是正在處理一件大案子時，這個習慣可能不會有好處，反而會讓你分心。專注當下，聚焦在你眼前的人或任務上，

學　習　從接收新訊息開始

↓

成　長　不斷重複學會的行為

↓

新習慣　持續重複同樣的行為，新行為將成為熟悉的慣例

↓

新生活　新習慣幫助創造更好的生活

才是更善用注意力的方式。

記憶在學習中的角色

透過學習能力，我們的神經連結不斷地進行修正，但若是沒有了記憶，我們將無法召喚出這些細胞進行改變。學習是你如何吸收所有接收到的資訊，記憶則是你如何過濾這些資訊，選擇將哪些資訊儲存在大腦的意識區中。記憶讓我們得以進步，缺乏了記憶，我們就得再三重新學習同樣的東西。

如果你曾看過《今天暫時停止》（*Groundhog Day*）這部電影，你也許還記得比爾・墨瑞（Bill Murray）飾演的菲爾，一直停在同一天，直到學會憐憫與同理心為止。在那之前，他無法讓時間向前推進。同樣地，你也可以在沒有記憶的狀況下運作，但是缺少了記憶，想要成長、改變或讓生命向前進，就會變得極其困難。

安迪・哈德曼博士（Andy Hudmon）在《學習與記

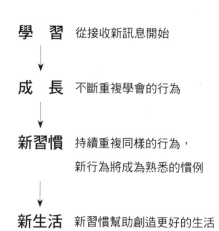

憶》（*Learning and Memory*）一書中寫道：「想像一下，若是沒辦法記得東西或學習，生活會變成怎樣？想像一下，每天展開生活時，卻無法以先前的成敗經驗做為參考，又是什麼感覺？沒有學習或記憶，就算是尋常俗務，也會變成複雜問題。對多數人來說，若是無法分辨家人、朋友與陌生人，會是很可怕的情景。」

學習與記憶緊密相連，而記憶可分為三個階段：感官記憶、短期記憶與長期記憶。

▼感官記憶

我們透過看、觸、聽、嚐、聞等感官來獲得最初的人生體驗，感官記憶記錄了生命的每個體驗。哈德曼博士解釋：「感官記憶有時被稱為『立即記憶』，是通往短期與長期記憶的通道。感官記憶維持的時間非常短，通常介於五分之一秒到幾秒之間。」這點令我相當吃驚——我們只有五分之一秒到幾秒的時間，來決定哪些訊息是重要的、哪些是不重要的！

在這麼短的時間內，大腦決定哪些資訊是不重要的，並過濾它認為是不必要的資訊，將它認為有趣或重要的資訊放到短期記憶區中。感官記憶就像蒸氣一樣，在還未抵達大腦的意識區前，就已經蒸發消失。

▼短期記憶

大腦將其認定重要的資訊，從感官記憶區移到短期記憶區——也稱為「工作記憶區」。短期記憶就像是可擦拭的黑板一樣，可儲存的資訊量與資訊保存的時間長度，都很有限。有多少次當你在學習新事物時，卻因為一通電話忽然響起，中斷了你的專注思緒？在那一瞬間，讓你感到振奮、雀躍的資訊，就這樣消失不見了。事實上，你可能還會記得思考某件事的興奮感，但至於是什麼內容卻想不起來了。

多少次在你走回辦公座位的路上，忽然想起一件重要的事，或者某個人的名字，但當你坐定位時，卻忘記剛才想起的內容？短期記憶用來儲存資訊很有用，卻不可靠。我們都知道，在學習過程中，捉對時機非常重要。大腦僅給你數秒鐘時間，來決定某項資訊是否真的很有價值。如果很有價值，你得積極努力創造出必要的神經連結與關聯性，將這個資訊從短期記憶區移轉到長期記憶區。

短期記憶讓你有十到二十秒的機會，決定將哪些資訊移轉到長期記憶區中。當某個想法出現時，就像是氣球從你身旁飛過一樣。你能在那上面綁住更多繩子，以便抓住這些想法，而重複行為就像是在你學習的東西上綁上很多繩子。如果你能將自己所學的東西，找到愈多關聯性愈好，而事實本身就是一條拴鍊。故事和敘事體也提供多重拴鏈，有助於改善我們的記憶力。例如，當我第一次遇到小孩學校的排球教練兼數學老師時，她告訴我她那驚喜婚禮的故事，就讓我留下深刻的印象。

她的故事是這樣的：他們邀請了約一百位朋友與家人，在某個週六下午到家裡來烤肉。多數賓客以為他們會宣布訂婚的消息，但是當他們站到前面，宣布十分鐘內就要結婚時，在場所有人的表情，都只能用「目瞪口呆」來形容。新娘子從短褲換成丹寧布料的露背裝，新郎官則換成乾淨短褲與一件襯衫，牧師從藏身之處走出來，然後他們就這樣結婚了！

光是新奇、趣味，就讓這個故事令人難以忘懷。在我一生中，我從未聽過驚喜婚禮這檔事，這個故事這麼浪漫、精彩，所以我不僅過耳不忘，還不斷告訴他人。不幸的是，不是每個我們需要、想要學習的想法，都是這麼有趣。當你讀了跟這本書一樣厚的書後，要將每個觀念或點子從短期記憶區移到長期記憶區中，根本是不可能的任務。身為講師，我經常授課一整天，很清楚一般學員只能記得一小部分的內容。我曾聽過一個估計數字，認為人們參加一般工作坊後，所能記得的內容僅有七％之多。為了能從生活經驗中學習，並將每個觀念充分運用在生活中，我們必須採取幾項明確的行動。

比方說，在我看書時，手裡總會拿支筆，邊看邊畫線。理論上，我們是用短期記憶在看書，也就是說我們讀過的許多文字，大腦一次最多只能保存二十秒之久。這樣的時間長度，僅能讓我們將這些文字放在之後的篇幅中，好融會貫通上下文來理解內容。如果想要真正學到東西，就得採取認知行動，將閱讀內容從短期記憶區移轉到長期記憶區中。

關於學習，有兩項重點要掌握：重複性與關聯度。在閱讀一本書時，若是你能反複琢磨書中的概念，就比較可能學到並記住這些概念。你也可以透過找到新舊觀念之間的關聯性，來擴大記住新觀念的機會。另一個將新觀念移轉到長期記憶區的方法，就是將你學到的新觀念告訴他人，這也是另一種重複溫習的方式。短期記憶並不可靠，所以我們創造本書的七分鐘微行動計畫工具，來幫助你提醒自己。

將你的規劃用書面方式記錄下來，並隨時隨地攜帶在身上，這種做法的主要功用之一，就是將這紙計劃變成你的「周邊大腦」，用來提醒自己——這比短期記憶還要可靠。每個人都能擁有周邊大腦，型態五花八門，從 Outlook 行事曆、電子郵件、便利貼小紙條、鏡子上的筆記，甚至到手掌上的小抄都是。為了擺脫遺忘事情的困擾，人們想出的方法真是令人嘆為觀止。

短期記憶如此脆弱，千萬別依賴短期記憶來過日子，請利用書面方式將所有需要記得的東西寫下來，將這些資訊放在一個安全、可隨時存取的地點。

▼長期記憶

長期記憶完全是另一回事，因為記憶在此能保留幾個小時、幾天，甚至長達一輩子的時間。學習跟是否能長期記得事物的能力息息相關，學習就是將資訊從短期記憶區移轉到長期記憶區的神經作用過程。大部分的學習，都是發生在所謂的「建立關聯性」的過程中，這是最有效率的學習方法之一。其中，隱喻和故事是很棒的教學工具，因為我們馬上就能將學習結果和故事連結在一起，關聯性讓我們在既有知識上建立新的知識。

七分鐘微行動計畫的前提是，我們每天都需要從忙碌、嘈雜的生活中暫時脫身，花上七分鐘的時間寫下行動計劃，這有助於你釐清該做哪些事、該怎麼做——你需要時間思考。德州克萊斯特斯聖麥可醫療中心（Christus St. Michael Health System）營運長約翰・菲利浦斯（John Philips），對此有精闢見解：「身為領導人，我需要有時間思考。」他說，許多企業領袖、商界人士與創業家，都身陷忙碌的工作中，以致未能聚焦在一個重要的工作面向上：「領導人應該了解，他們受雇是為了釐清策略計劃。我們拿人薪水，是為了要思考，不光只是忙東忙西而已。」

我們必須定期從工作中後退一步來看，自問：

- 我們的核心價值有哪些？
- 我們解決了哪些獨特的問題？
- 我們的目標是什麼？

請規劃進行一連串的「策略性暫停」，讓自己有思考的時間，這對學習與記憶非常重要。福特汽車創辦人亨利・福特（Henry Ford）曾說過：「**思考是最困難的工作，也許正因為如此，很少人願意做這份工作。**」在今日忙碌的世界中，我們很容易就會落入陷阱認為思考是浪費時間，這種想法完全偏離真相。當我們能不受干擾、安靜地思考時，我們才能想出讓自己進步的點子。

關聯性會創造出更強大的神經連結，進而創造出更持久的記憶。大腦總是在等待正確的琴弦來發出共鳴振動，就跟習慣一樣，重複做會強化這些連結，情感、味覺與肢體活動也一樣。這就是為何演說者總會在演講中加入令人動容的故事，如果他們能將要傳遞的訊息跟某種情感連結起來，聽眾就更可能記得演說的重點。科學家並非全然確知長期記憶如何發生，但似乎很明顯，如果我們希望能將資訊儲存在腦中，就必須主動、積極地學習。

接下來，讓我跟大家分享一個我個人的小習慣。每天早上當我醒來後，我會在淋浴時，在腦中將今天的待辦工作與該打的電話，從頭到尾全部整理一遍。我心中的對話如下：

「早上九點，要跟約翰開會。」

「早上十點，要打電話給小安，確認她父親的手術狀況。」

「別忘了幫艾比報名美術課。」

「車子左前輪有點沒氣。」

「套裝記得送洗，週四有場演講。」

從淋浴、早餐到著裝，特別是在開車上班的途中，我不斷在短期記憶區中重複播放這段安靜對話，如此我便不會忘記。不幸的是，對我來說，這個故事並沒有快樂的結局。我腦裡的對話，雖然提醒我該做的待辦事項，但這段對話卻儲存在不可靠的地方——短期記憶區。在我抵達辦公室後，響不停的電話、一堆未讀取的電子郵件、不斷有人前來敲我的門，讓我很快就忘記腦裡的這段安靜對話。以前我沒有一套系統化的方法，把這些想法移轉到更安全、可靠的地方，如一張紙或網路等。**解決之道其實很簡單，就是在思考需要完成的事項時，以書面記錄下來，這樣才不會忘記。**

設定你的九十天學習目標

在上一章，你已經設定了若干目標，現在我希望你也能設定學習目標。我希望自己每隔九十天就能學到更多東西，所以我也鼓勵你設定務實目標，想想在未來三個月中自己想專注學習的東西。

現在，就請你展望九十天後的生活，並問自己下列問題：

- 為了在工作上表現最好，我需要學習哪些新技能？
- 為了更妥善管理自己的財務狀況，我需要加強哪些新技能？
- 為了更深入了解並支持個人信仰，我需要培養哪些新技能？

然後，請想想你的學習方式——讀書是你學習成效最佳的方式嗎？還是聽老師講授或語音教學，或是做中學呢？有人靠視覺學習較快，有人憑聽覺學習較有效，有人則是動覺學習者，也就是要靠動手做來學習。對多數人而言，將這三種學習型態綜合起來，則是最有效的方式。

我們每天都在學習，關於持續學習，有幾個主要重點：

1. 對於想學習的東西，設定優先順序。

90 天個人學習工作表

想學的項目：	何時安排時間學習：
1. ______	1. ______
2. ______	2. ______
3. ______	3. ______
4. ______	4. ______
5. ______	5. ______
6. ______	6. ______
7. ______	7. ______
8. ______	8. ______
9. ______	9. ______
10. ______	10. ______

學習的方式：

閱讀	聽音頻、有聲書等	參與課程	找人一對一諮詢
1. ______	1. ______	1. ______	1. ______
2. ______	2. ______	2. ______	2. ______
3. ______	3. ______	3. ______	3. ______
4. ______	4. ______	4. ______	4. ______
5. ______	5. ______	5. ______	5. ______

備注：

1. ______
2. ______
3. ______

2. 決定如何學習。
3. 安排時間學習。

針對想要學習的東西，請利用幾分鐘的時間，依優先順序列出明確清單。最後，如果你對神經可塑性這門科學有興趣，不妨閱讀諾曼・多吉博士所寫的《改變是大腦的天性》。如果你對行銷業務類的書有興趣，我也推薦各位一本我自己很喜歡的書：鮑伯・柏格（Bob Burg）與約翰・大衛・曼恩（John David Mann）合著的《給予的力量》（*The Go-Giver*）。無論你想學什麼，營養、健身、溝通或領導力，你只需要按優先順序釐清想學的東西，再決定對你最有效的學習方式，然後安排時間落實你的學習計劃。學習與成長，是我生命中的熱情。

持續學習的價值

一九九一年，馬克・達克沃斯（Mark Duckworth）在父母家的地下室創辦了歐普特斯公司（Optus, Inc.）。當年才二十三歲的他，有的僅是一張辦公桌、一台電腦與一個創新點子：他想買賣二手電信設備。在不到二十年的時間中，他一手打造出年營業額超過兩千萬美元的公司。

達克沃斯表示：「我向來喜歡學習新東西。對於這門事業與學習，我都充滿熱情！我熱愛發揮創意、思考新事物、思考提供客戶創新的服務，或是如何讓事業成長、進步。我們的生意不是賣電話而已，歐普特斯存在的唯一目的，就是為了讓客戶的職場生活變得更容易。這是我們的價值，也是我們的願景。」

他接著說：「我很年輕就創業，所以『持續學習』對我的成功具有關鍵作用。在我的職業生涯前半段，我是『邊做邊學』。在過去十年中，我刻意專注在正式學習上，包括持續參與主管級課程、業界同儕團體活動、個人閱讀與研究，以及向外界顧問請益等。我們也鼓勵員工學習，並提供員工學費補助計劃，將更多正式訓練帶入公司的不同單位。身為企業領導者，我要服務的目標族群有三個：客戶、員工與社區。在歐普特斯，我們很高興能夠協助客戶，這是我們的榮幸，也是我們工作的目的。我們與客戶建立深層關係，讓客戶覺得我們幾乎是不可或缺的。電話是很普及的商品，我們賣的其實是我們這群人。我們也要服務公司員工與所在的社區，這一切其實都跟人際關係及社群體驗息息相關。」

訪談結束前，我問達克沃斯什麼東西對他最有意義。他說：「我有個很棒的妻子，我們的兒子也很優秀。我覺得，**愛是一切的關鍵。你必須愛你的家人、朋友、工作、生活與你自己**。我認為，這是讓一切順利運作的黏膠，你必須要有滿懷的愛。」馬克・達克沃斯證明了持續學習的價值。

成功經驗的複利效應

我希望自己能成長，也鼓勵他人成長。在自然界，成長是個生生不息的循環。每當春天來臨，橡樹開始發芽生葉；整個夏天，樹葉盡情吸收陽光，轉換成重要養分，來協助樹木成長。秋天到來

舊習／枯葉　　　　取代為　　　　新做法／新葉

時，樹葉變成橘黃色掉落地面，樹枝變得枯零蕭瑟，直到下個春天降臨，重新開始一個循環。舊的不凋零，新的成長就不會發生。

許多人的生命充滿了「枯葉」，他們緊抱著舊想法、傷痕、痛苦、憤怒與緊張不放，光是保持這些舊習就讓他們壓力沉重。即便我們可能知道長期以來的感受、習慣與做法，其實阻礙了我們進步，但我們仍緊守舊規，就是不放手。**讓「枯葉」充滿生命是很容易的事，但我們其實都能放手讓枯葉落下，如此才能再度體驗到全新成長的美麗。**

拋下「枯葉」，是個靠意志力就能做出的簡單決定。我有位很熟的朋友，當他承認自己正陷入憂鬱症時，他做了一個有意識的決定，刻意將車子停在離公司幾個路口遠的地方，讓自己多走幾分鐘的路，來釋放更多的心靈空間，讓自己清楚看到該感激擁有的一切。另一個例子是個中年男子，他的婚姻因自己無法控制的原因結束，他發現對自己最好的事，就是離開熟悉的環境，他想要一個全新的開始。

一旦將自己從只會造成反效果的習慣、過時觀念與負面情緒中解放出來之後，我們就能挪出空間孕育新想法、培養新習慣，享受到全新層次的喜悅、仁慈、原諒與愛，從而找到心靈平靜。請你確認哪些舊習或觀念，可能會阻擾你創造新的成長，然後下定決心摒除這些生活障礙，用有助於創造更有意義的人生的新知、體驗及想法來取代。

即便成長對我們有益，我們也都想要成長，有時成長卻很困難。對舊習與熟悉做法的記憶，會讓你誤信自己處在舒適圈中才舒服。老實說，想要持續改變，就算是在不舒適的狀態中，你都必須要有辦法安然淡定。放手讓枯葉落下，唯有如此，你才能養成新習慣，讓你有力量每天都跟你渴求的生命意義連結與對話。

Chapter

7

你全心投入嗎？

——早上 11 點前完成五件最有價值的事

當我們真正投入自己的人生，生活會像一部順利運作的機器，不斷向前推進。我們會與重要的價值觀和人們建立連結，也會朝氣蓬勃地帶著熱情來完成使命。身體力行、全心投入，你覺得如何？你看見什麼？聽到什麼？**當你的身心全然投入時，生活不再只是從身邊溜過，你開始以現在式體驗人生**。全心投入你的工作，畢竟你花這麼多時間在工作上，日常生活也以工作為基礎來建構。你是否全心投入每天的任務？你覺得自己設定的目標有挑戰性嗎？你跟同事及工作上會接觸到的人，是否建立良好關係？

當你全心投入生活時，踏實活在當下每一刻，你方能和人生目的連結起來。但我們往往迷失在忙碌的生活中，在一個接一個千篇一律的緊急任務中趕著救火，從未真正聚焦在手頭上的工作。忙碌不是讓自己疏離價值觀或斷掉與其他人聯繫的唯一理由，有時我們對自己和他人的信任，也會讓我們遠離家人、朋友、同事，甚至是信仰。放鬆的休閒活動之所以重要，是因為它能讓我們的身心獲得能量，投入對我們很重要的關係與活動。忙碌與疲憊，有時導致我們「打電話問好就好」的傾向；也就是說，對於我們告訴自己是優先順序的事，我們卻僅止於付出最基本的努力而已。

所謂全然投入，就是要活在當下，積極體驗生活中正在發生的一切。換句話說，如果你的目標是要創造跟孩子在一起的回憶，或是要鼓舞他人，那麼當你在看兒童棒球小聯盟比賽時，請不要再繼續發簡訊，或是當鄰居敲門來訪想要聊聊時，不要分心默想著購物清單。時間是最寶貴的貨幣之一，我們每天的時間都很有限，也許你也該將有限的時間，花在建立良好的人際關係上，了解對人們最重要的事情，如此才能創造最好的結果。

了解你的能力有限

現在，我想介紹另一個稱為「能力有限」（limited capability）的大腦觀念，這其實包含了兩個層面，第一就是：想在一週內完成所有事是不可能的，畢竟一週只有七天、一天只有二十四個小時的時間。各位馬上可以理解時間有限，每週能排入多少任務及活動相當有限。你能了解每個小時都很重要，一週只有一六八個小時，扣掉睡覺、梳洗、吃飯與通勤的時間，所剩時間十分有限。

請將時間有限的概念，擴大到一週以上，用一張清單來看看未來九十天的面貌。當你看到這張清單上的每個角落時，你就會更加意識到全心投入的重要性。在未來九十天中，你大約只有六十個工作天與十二個週末的時間能夠體驗生命。想想看，每天走進辦公室前，你已經準備好多少可以使用的時間？你會花多少時間開會、打電話、回電子郵件？你所擁有的剩餘時間，就是可支配的時間，**我相信創意與成長，是出現在工作中的可支配時間裡。但是，你擁有多少真正可支配的時間？每天有一小時這樣的時間嗎？**當你看到在下一季僅能擁有非常少的可支配時間，你就會開始理解生活中每分鐘都很重要。

我希望你能從今天起，開始倒數九十天。然後，從下列這個觀點思考未來的九十天：「你對生命有何企求？生命已經準備好對你有求必應。」在未來的九十天中，你對生命有何想望？你會花多

90 天行事曆工作表

月

日	一	二	三	四	五	六

筆記

○ ______
○ ______
○ ______
○ ______
○ ______
○ ______
○ ______
○ ______
○ ______

月

日	一	二	三	四	五	六

筆記

○ ______
○ ______
○ ______
○ ______
○ ______
○ ______
○ ______
○ ______
○ ______

月

日	一	二	三	四	五	六

筆記

○ ______
○ ______
○ ______
○ ______
○ ______
○ ______
○ ______
○ ______
○ ______

少時間，專注在人生最優先的事情上？你會選擇學習哪些東西？花多少時間陪伴家人與朋友，全心投入生活？

時間管理的議題，多半是討論如何做出更好、更深思熟慮的決定來利用時間。當我看著下一頁這張九十天的行事曆工作表時，我馬上就意識到，**若是想將時間專注在有意義的生活上，就必須排出時間這樣生活——只有你，能替自己做出這些決定。**

關於大腦「能力有限」的第二個層次，就是不僅行事曆上的時間有限，大腦的能力也同樣有限。一千億個神經元有能力同步處理潛意識的龐大資訊量，但在有意識的層級，大腦能處理的資訊卻受到限制。契克森米哈賴在《快樂，從心開始》一書中，提出下列看法：人類大腦的處理能力，最高可達到每分鐘七五六〇個資訊位元，等於是每秒一二六個位元；處理語言需要每秒四〇個位元的能力，從這點我們就能客觀理解大腦處理能力有多快。契克森米哈賴如此寫道：「以七十年的壽命來看，假設一天清醒的時間為十六個小時，等於約有一八五〇億個位元的資訊量。這看似是個天文數字，但實際上多數人卻悲慘地覺得不夠。」

想想看，大腦有限的處理能力，如何影響你的每一天？有多少次你試著專心講電話，但新的電子郵件卻出現在電腦螢幕上，結果你分心回信，沒有專心聽老闆講話？雖然我們確實擁有龐大潛能可成長、改變，但如果一開始就想要有效處理資訊，就必須清醒地選擇注意力的分配方式。全心投入，表示全神貫注在當下的任務，專心一志進行手上的任務。

你是否曾經全心投入到感覺不到時間，同時覺得自己的人生很有意義？在這種時刻中，你會感受到深刻的成就感。但是，我們往往太常發現自己渾渾噩噩做了一天的工作、缺乏清楚的方向，經常同步多工而非專心聚焦在特定任務上——多少次同事走過來問你問題，你雙手不停地打字回信？這會耗損你的能量，讓工作日子充滿壓力。

了解「能力有限」這件事，有可能讓你更無法全心投入，因為你不斷感受到時間不夠的壓力，但也有可能賦予你力量，讓你每次投入都更認真。**了解自己能力有限，能讓你獲得自由，不再試圖想完成所有事，更因為每天時間有限，所以必須專注在最有價值的活動上。**

十點五十一分，脈搏停止跳動

你是否曾失去過親愛的人，卻來不及說再見，也許是祖父母、父母、兄弟姐妹或小孩？失去所愛的人的痛楚看似難以承受，但還有更糟的——假若你因為過於忙碌而無暇與他相處，因此變得跟這個人很疏遠？或者，你們形同陌路是因為彼此有歧見，如果知道自己再無機會將此人擁入懷中，告訴他你仍然愛他，這種失落感會讓痛苦加劇到什麼程度呢？這正是布萊恩．香波（Brian Shambo）與他父親的心情寫照。

布萊恩當時還是個高三生，有天向學校請假去辦事，他母親同意這次請假，但警告他必須在早上十點四十五分前回到學校。但是，他沒能準時回去。在回學校的路上，一輛車闖過紅綠燈，將這個十七歲青少年的車撞過十字路口，車身在柏油路上刮出尖銳刺耳聲，滑行六十呎後終於翻到人行道上，最後強力衝撞到一堵護土牆才停住。

困在被壓扁車內的布萊恩，被撞到頭暈目眩，膝蓋卡在儀表板上，油門被採彎到陷入汽車底座，他的右腳踝因此肌腱斷裂，安全帶勒緊胸口導致大量瘀青，四顆牙也因撞到方向盤而碎裂。但是，他心中的第一個念頭卻是要回到學校。「我只想離開車子，我唯一想到的，就是母親說過的：『你必須在十點四十五分前回到學校。』」

在試圖掙脫離開車子後，他昏了過去，身子從打開的車窗伸了出來。之後，當一位急救義工搖他的手臂、緊急問他問題時，他一度醒過來又昏過去。布萊恩不只是失去意識或被嚇到，他的心臟停止跳動，肺部也不再吸收氧氣。急救人員奮力拯救他，但他好幾分鐘都沒反應，他們最後只好放棄。一位急救人員拿起黑色馬克筆，在布萊恩已經沒有生命跡象的腳上標注：「十點五十一分，脈搏停止跳動。」他們將他的身體抬上直升機送去醫院，仍試著搶救他。

布萊恩記得的下一件事，就是直升機螺旋槳呼呼呼的聲音。因為無法移動，他只能盯著身旁的急救員看。布萊恩說：「他正在查看我的手臂，忽然瞄到我正在盯著他看。當我對他眨眼時，他看來十分意外。」急救員正試圖扎點滴，盡最後努力來救他，但因為布萊恩的血管已經破碎，所以他無法讓點滴開始流動。「所以，我幾乎是很理所當然地說：『為何不再試一遍？』」

試第八次時，急救員總算成功將點滴插入血管中，喃喃自語地說真是不敢相信。他說他們已經通知卡洛萊納醫學中心（Carolinas Medical Center）布萊恩在他們抵達時，就已經呈現死亡狀態。沒有任何醫學或生理上的理由，可以相信布萊恩還會醒過來。我相信，這背後有更重要的意義讓他醒來。

布萊恩跟父親向來意見不和，他形容自己跟父親之間，存在著「愛與恐懼糾結在一起」的關係，在這種關係中，布萊恩總是不斷尋求父親的認可。當他躺在急診室時，他更擔心父親的反應，而不是自己的傷勢。他很確定「越戰老兵、一切照章行事」的父親，肯定會為車禍意外責怪他。父親總是不斷告誡他，如果是因為他的疏失導致車禍發生，他將被禁止開車一陣子。

布萊恩的父親當時遠在兩個城之外，開車約四十五分鐘才到醫院。他在電話上得到的唯一消息，只有：「你兒子發生很嚴重的車禍，你必須馬上趕到醫院。」若你身為父母，孩子正在醫院等你，你能想像在去醫院的路上，腦中會閃過多少念頭嗎？你能專心開車嗎？你是否會想起對孩子最後說過的話呢？

當布萊恩的父親走入病房時，布萊恩的第一句話是：「爸，我發誓這不是我的錯。」他父親走近查看他的傷勢，看到兒子右腳全部打上石膏，脖子掛著頸托，還有嚇人的瘀青狀況。然後，他注意到急救人員在兒子右腳上留下的標注：「十點五十一分，脈搏停止跳動。」布萊恩回憶道：「這是我第一次看到他落淚，也許也是唯一的一次。」他父親走出病房打電話回家，布萊恩的姊姊後來告訴他，沒人有辦法聽懂父親說的話，因為他的情緒非常激動。在那個時刻，布萊恩跟父親在全新的情感基礎上，重新建立起連結。他們以彼此關係中的真正意義連結起來，那就是無條件的愛。

那天，布萊恩遇上了可怕的車禍。然後，他跟父親經歷了兩個奇蹟：生命的第二次機會，以及重新打造兩人之間關係的機會。**為何一定要悲劇發生，才能讓我們理解到，我們的人生有所殘缺？**布萊恩與父親重新建立連結的故事，讓我們都看到人人皆擁有的可能性——**你每天擁有多少機會，能跟所愛的人建立連結呢？更重要的是，你錯失了多少這種機會呢？**

這場車禍的影響，是拆掉了水火不容的父子關係中的牆，在這種關係中，布萊恩總是不斷尋求父親的認可。這個事件讓他父親被迫放鬆，否則就得眼睜睜看著兒子的生命從身邊流逝而去。布萊恩跟父親因此擁有對彼此都更有意義的生活，從這層意義來看，這場車禍改變了布萊恩的人生。當然，由於布萊恩還很年輕，父子關係中的若干元素仍舊不會改變。他自己為此下了一個結論：「隨著時間推移，我們得以在新基礎上重建關係，不必費力改變原有模式。車禍本身解決了這件事，這個事件真正提升我們追求更深入、更有意義關係的能力。」

增加你的快樂優勢

我們可以選擇空洞地生活，也可以選擇重新與有意義的人生建立連結。如果你已經讀到這裡，我相信你想要全心投入自己的人生。那麼該怎麼做，才能實現這個想法？

第一個步驟，就是要更清楚你想要跟什麼、跟誰建立完整關係，以及你想要參與什麼。我曾經讀過尚恩・艾科爾（Shawn Achor）寫的《哈佛最受歡迎的快樂工作學》（*The Happiness Advantage*），艾科爾花了十二年的時間，在哈佛大學研究心理學與快樂這門科學。姑且讓我引用書中的話：「在一項名為『非常快樂的人』的研究中，研究人員試圖尋找前一〇％最快樂的人所共有的特徵——是否都住在氣候溫暖的地方？是否都很富有？身材保持得很好？結果，他們只發現一個共同特徵，讓這前一〇％最快樂的人跟其他人不同，那就是他們社交關係的力量。」

我想更進一步了解，所以我跟作者艾科爾進行了電話訪談。我想知道，快樂是否會讓工作有所不同。我問艾科爾：「什麼是『快樂優勢』（happiness advantage）？」他如此回答：「快樂賦予人們與企業很大的競爭優勢。『快樂優勢』就是發現當大腦正向思考時，幾乎每個企業與學習成果都會進步。當大腦更快樂、更正面時，大腦就會顯露出更高層次的智慧、生產力與創意，你也能工作得更快、更持久，大家會認為你更有魅力。當大腦處於正向狀態時，會運作得更好。」

艾科爾將「快樂」定義為：「根據自己的潛能，努力嘗試後感受到的喜悅。對我而言，這跟徹底享受生活是平行並進的。我喜歡這個源自希臘文的定義，這裡說的是喜悅，而非一時快感，這是即便在你受苦之際、在生命的起伏之間，仍舊能感受到的東西。此外，這個定義與發揮潛能綁在一起。**快樂是在旅程中就發生了，而不是等到成功到達目的地後才有的感受。換句話說，快樂攸關的是一路上的旅程，而不是最後目標。**」

社交關係是快樂人們的共同分母，這點其實非常有趣。我也認為，不論是在何種產業，擁有正

人際關係工作表

朋友　人脈　前景
你知道自己應該跟誰保持聯絡嗎？

姓名	電話	備注	日期
1.	1.	1.	
2.	2.	2.	
3.	3.	3.	
4.	4.	4.	
5.	5.	5.	
6.	6.	6.	
7.	7.	7.	
8.	8.	8.	
9.	9.	9.	
10.	10.	10.	
11.	11.	11.	
12.	12.	12.	
13.	13.	13.	
14.	14.	14.	
15.	15.	15.	
16.	16.	16.	
17.	17.	17.	
18.	18.	18.	
19.	19.	19.	
20.	20.	20.	
21.	21.	21.	
22.	22.	22.	
23.	23.	23.	
24.	24.	24.	
25.	25.	25.	
26.	26.	26.	
27.	27.	27.	
28.	28.	28.	
29.	29.	29.	
30.	30.	30.	

面的商業關係跟個人業績長紅之間有強烈的關聯性。每天你接觸到的人愈多，對你融入工作的程度，就會帶來更多影響，也會增強你的快樂優勢。下一頁讓我跟大家分享一個小工具，幫助你改善自己的社交連結與關係，得以全心投入生活當中。

想想誰是你重要的人？

請停下手上的事，利用七分鐘的時間，將你認為應該努力維持聯絡的名單列出來，最多三十位，從弟弟、高中籃球教練、大學室友到最好的朋友都可以。你上次跟這些人說話，是多久以前的事？上次一起和他們共進午餐，是幾時的事？關係讓人生充滿意義、更快樂，請撥出時間來滋養你的社交關係。

這張工作表也可以用來建立專業上的人際關係，請將你認為應該在工作上認識的人的名字寫下來，這可能包括你目前的客戶、潛在客戶、人生導師、你想認識的人，以及你覺得應該認識的人。當你思考該將誰加入私人或商業名單時，可以順便將每個人的手機號碼與電郵地址，輸入你的智慧型手機或電腦裡。請審慎選擇要將誰加入名單中，然後花時間參與他們的生命。

我們每天埋首於嘈雜生活中，你得定期問自己：「我們的目標市場在哪裡？潛在客戶是誰？應該跟誰討論產品與服務？在既有的客戶中，我們應該更深入了解誰？」你是否持續超越客戶的期望？在相關產業中，是否有人可以替你指點迷津？你是否應該組成一個小型策劃團隊，來協助建立

聯絡人	Email	電話
1.		(　　)　　–
2.		(　　)　　–
3.		(　　)　　–
4.		(　　)　　–
5.		(　　)　　–
6.		(　　)　　–
7.		(　　)　　–

這些商業關係？

我設定了一個目標，每個月要跟金融服務業的超級明星，舉辦一場兩小時的電話會議，或是兩小時面對面的會議。不論用什麼指標來衡量——業績排名、服務模式、專業能力到投資策略的廣度，這些人都已攀升到成功的最高峰。我們稱此為「結盟向上」的會議，這些業界導師成為我們追求學習與成長的夥伴，他們驚人的成功故事，引領我們力爭上游，讓我們更清楚看到可以達到的成就。

在多次會議中，我感覺自己像是在窺視一場祕密會議一般，比競爭對手得到更多優勢。當我離開這些會議時，我都希望自己能早十年就了解這些東西。令人意外的是，多數被我邀請跟我們「結盟向上」的夥伴，都不是我的私交，都是金融服務公司的超級明星，也是公司內認真的領袖。我希望成為更好的作家，也熱愛跟別人學習，因此有些開會對象是著名作家，如尚恩．艾科爾與鮑伯．柏格。我用電子郵件聯絡上他們兩位，央請他們撥冗對我們演說。我愈來愈知道，應該將誰列入我的商業名單中。因為我通常不認識這些人，所以往往需要花些功夫，才能找到聯絡方式。但是我想要「結盟向上」的對象，幾乎總是願意熱心幫助，向上提升的總是我們的團隊。

想想看在你的產業中，哪些是令你敬佩的人。發封電子郵件給他們，請求他們花幾分鐘跟你分享。要是每個月能跟一位手下操盤公司營業額是你們公司十倍的人碰面談話，你能從中學到什麼呢？有幸跟這樣的人物互動，是我職場生涯中的高潮之一。現在，請你用七分鐘的時間，列出你所處產業中七位你所景仰的人物。下一步就是找到跟他們聯絡的方法，你可以上 LinkedIn 等社群網站，看看你們之間是否有共同認識的朋友。或者你也可以跟我一樣，直接到他們公司的網站尋找聯絡方式。

要建立新的連結，只需要三個步驟：一、列出你想聯絡的名單；二、找到聯絡他們的方式；三、安排時間跟他們建立連結。你最後還是得將三十個名字全部列出，但是這樣的起頭，已經很不錯。

把時間花在最有效益的事情上

提升效率、讓人生更有意義，並不是完成更多事，祕訣在於將最有價值的活動，變成你最優先的要務、做正確的事。這句話看起來好像大家都懂，但請你捫心自問，多少次你一整天埋首於忙碌工作中，卻覺得彷彿一事無成呢？為了真正了解這個觀念，讓我們花點時間，檢視一下你目前利用時間的方式。如果你已經有了今天的待辦清單，請你現在把它拿出來；如果你沒有待辦清單，請你花點時間在空白紙上，寫下你覺得今天應該完成的所有工作。

請就你的待辦清單，用下列三個問題當成放大鏡，來檢視這份清單：

1. **你的收穫是什麼？**請分析清單上每件事能讓你得到的收穫。最有價值的工作，應該跟你服膺的價值觀、所追求的人生目的或目標有關聯，能帶來可直接衡量的收穫。哪些事為公司業務帶來更多機會，讓更多交易成交？讓專案順利完成？讓你成功撐過重大挑戰？強化與重要客戶的關係？或讓你實現內心最深處的渴望之一？這些事情就是你每天一開始，就得積極鎖定的任務。**你應該先將精力投注在這些有明確收穫的事情上，再去進行其他工作。**

2. **哪些事情不該做？**在投入每件事情前，你都要對自己徹底坦誠，是否也對不該做的事說了「yes」。哪些任務很容易就讓你感到忙碌，實際上卻未能創造出什麼成果？是否有些事情可以交付他人處理，或者付錢請他人幫忙完成？如果你忽略或徹底不理會某些事情，會有怎樣的後果？你可以承擔這個代價嗎？**請謹記，你每在低價值工作上花一分鐘，就等於浪費了一分鐘未能有效投資在能帶給你意義、喜樂與讓你進步的工作上。**

3. **如果只能做清單上五件事，會是哪些事？**如果你已經花時間回答前兩個問題，這個問題就會比較容易回答，它迫使你快速、明確地決定哪些事情最重要。**這五件事會是你最優先處理的工作，是你走進辦公室門口後的優先要務。**

你可以利用一個我稱為「十一點前五件事清單」（5 before 11）的規劃工具，將最高價值的活動放到每天待辦清單的最上層。「十一點前的五件事清單」，就是你希望在早上十一點前能處理完的五件事，好好使用這個工具，會讓你得以策略性地掌握每一天，確保每天都將時間花在自己最願意投入的事情上。那麼，「十一點前的五件事」這個構想，從何而來呢？

十一點前的五件事

二〇〇七年，我在維吉尼亞州一個飯店會議室中，與會者共有十八人，我是講師，咪咪・博客（Mimi Bock）是主持人。咪咪大半輩子都從事金融服務業，最近期的工作是負責帶領一家跨國企業內部營業額高達四億美元的部門。

咪咪自己欽選在會議室中的與會團隊，他們都是一項實驗專案的成員，該專案的目標在於檢視是否真正有辦法幫助人們形塑一套流程與系統，來大幅度改善他們的生活，以提升生產力與業績。時間管理與組織技巧當然是主題之一，但在這天，即便我自己的人生，都因此永遠改變。

在過去三年，我創造出我稱為「每日進度報告」的工作表。這個僅需要將工作列在一張紙上的做法，是個很成功的組織工具，目的在於協助人們列出一張書面行動計劃，每天都能利用這張清單來追蹤工作進度。在這張清單的右上方，我鼓勵人們寫下「優先要務」清單。我建議人們用這張清單，來協助自己專注在每天想要完成的事情上。我們總是開玩笑說自己有九百件優先待辦事項，結果往往感到壓力沉重到喘不過氣來。

咪咪採用我的系統工具，已經有兩個多月了。她希望與會者知道，她已經吃完我們要端出的菜。會議進行了約一個小時左右，咪咪跟我們做了下列的分享：

我的生活很複雜、忙碌，就跟大家一樣。我知道如果我希望生活平衡，就必須先從排出優先要務開始著手。我有種迫切的需求，總覺得我每天都必須完成一件對工作與個人生活都很重要的事。但是，我每天總是感覺彷彿有許多事積壓在我心上，阻擋著我的路。

那少數幾件重複出現在優先待辦清單上的事情，就這樣懸而不決。然後我突然驚醒，一週又過去了，有時甚至是一個月，但那些事還在那邊。我知道自己必須做一些事，好讓自己能專注聚焦。

我知道自己每天早上都有幾個小時，是安靜多於瘋狂的時間。這段時間是每天雜務進來干擾前，我比較有機會能夠專注的時間。我需要有個方法，來處理積壓在心頭、擾亂生活的那些事情。我開始明白，我需要有辦法處理那些事情，以便好好地生活。我知道對我而言，這肯定只能在早上發生。

幾乎總會有一些事情比優先要務還要急迫，需要我全神貫注投入時間來完成。要是沒有注意力與時間，我就會被拉回忙亂的生活中，這些更重要的優先要務也無法完成。在那個當下，我知道自己需要另一個工具。

我對自己許諾，要在每天早上十一點前，做完最有價值的五件事——我稱為「十一點前五件事清單」。

這彷彿是個火花，讓整間會議室忽然間燃燒起來。與會者身上散發出的能量大幅激增，大家抬起頭、挺直背、睜大眼睛，他們都懂了！「十一點前的五件事」，這句話有深刻含義，我們馬上就能理解自己都試圖在有限時間中完成太多事。相反地，將待辦事項壓縮到五件事，馬上就會讓自己有種全新投入的興奮感。

咪咪接著說：「這就像是我腦中的咒語一樣，變成了簡單的提醒。這個工具很棒，讓人一看就懂，所以一直迴盪在我腦中。每天早上，我都想著這句話：十一點前的五件事，聽起來就是很順耳！」會議室中十八個人的回應馬上接踵而至：「這真是太棒了！」有個人說：「多少次我全副武裝去上班，心中想著要完成二十件事，但最後下班時，卻是拖著疲倦不堪的身軀開車回家，發現連一件事都沒做完！」另一個人接著補充：「當我發現自己也是這樣時，我感到很糟糕，真的、真的很不好過！」

咪咪跟我最近在討論「十一點前的五件事」時，提出了許多額外的見解：

這個工具之所以有用，部分原因在於勾選選項的神奇力量。只要將清單上的選項打勾，然後做完就對了。另外，還有種跟生命共鳴的情感力量，當你完成自己說過要做的事，而且做得很漂亮時，你會感受到某種情感力量。你會開始覺得自己能幹有方，能讓生活井然有序、有所成就。然後，猜猜看會發生什麼事？你會想要繼續這樣下去！

利用「十一點前五件事清單」的時間愈長，生活中待辦事項的清單就會變得愈來愈短。然後，你會發現自己有更多的時間，將注意力專注在更重要的優先事項上。

咪咪認為，我們需要深思熟慮，來決定哪些事情可以排入「十一點前五件事清單」。我們很容易就會見樹不見林，沒有看到意義更重大的目標。在生命中有許多我們想要完成的重要大事，永遠不會進到「十一點前五件事清單」上。區分無法立即完成的重要大事，跟重要事情或任務之間的差異非常重要。

我逐漸理解，「十一點前五件事清單」上的待辦任務，必須跟生命中意義更重大的目標有所連結。我來分享兩個例子。對我來說，不論在過去還是現在，我一直有個很重要的優先目標，那就是我希望成為更好的母親，我希望成為跟子女更能心有靈犀的母親。

我希望兒子知道我永遠會守護在他身邊，這是我生命中意義更重要的價值觀。我不希望在五年或十年後，忽然覺醒才發現時間已經悄然流逝，那是再也無法追回的時光。

一份簡單但將待辦任務跟生命目標連結在一起，讓我能成就生命的「十一點前五件事清單」，可能包括記得買海報剪貼板。你可能會說，我還以為是什麼了不起的東西！海報剪貼板？但在沒有「十一點前五件事清單」前，每當我準備離開家去上班時，我可能會對自己說：「咪咪，別忘了買海報剪貼板！」之後便直接開車到辦公室，埋首於一大堆電子郵件中，然後會議一個接一個開，一天就這樣被塞滿了。

時間到了晚上七點半，在開車回家的路上，我腦裡想的都是我想做完但沒做完的事。結果我走進家門，七歲兒子站在門口看到我，臉上從笑容變成眉頭深鎖，並說：「媽媽，海報剪貼板在哪？妳自己說過我們今晚要一起做的！」是的，海報剪貼板是小事，但我不想用空洞的眼神，看著我的孩子說：「我的天，寶貝我忘記了！」這些時刻可能引發的情緒，將會有一輩子的影響，尤其是如果重複很多遍的話。

我可以告訴你，當我將「買海報剪貼板」加入「十一點前五件事清單」上，我就不會再忘記，也就不會因為一件看似如此簡單的小事，在兒子臉上看到失望的表情。

咪咪舉的第二個例子，則跟工作有關。

我希望成為受人尊敬的有才能領導者，並且擁有自己的公司。每一季，我都必須跟老闆提交部門的季度業務報告。身為部門主管，我十分忙碌，真的很忙。每季都要等到最後一刻才來趕報告，都在提交日前花兩、三天時間熬夜趕報告。

但現在，我可以利用「十一點前五件事」的概念，在兩週前就把報告中一連串的個別事項，放到這份清單上。這樣的規劃也需要時間，我帶著清楚的目標，思考自己需要什麼資料。我花時間思考：「我需要哪些資料，才能交出最好的報告？」我問自己：「我還需要跟誰討論這份報告？」

我的季度業務報告中有個很重要的部分，就是提交我們負責地區的盈虧報告。每季的報告都會出現數字落差，我可以據此來決定我們要用什麼立場來推展業務，我的老闆也會針對這些落差詢問我，希望我提供詳細分析。這些事情可能會讓你晚上睡不了覺，我現在走入辦公室中報告，已經不再只是想要腦中有個大概的想法，我想要有把握的答案！我們都知道，如果沒有好好準備，是不可能有把握的答案的！

現在，我在提交季度業務報告至少兩週前，就利用「十一點前五件事清單」的做法。首先，我會加上另一項任務：檢視報告、提出問題。然後，我會再做另一件事，請助理安排跟財務經理開會，他會帶著我詳細檢視本季的盈虧報告，回答我所有問題。我還有時間真正掌握一切，這就叫有把握的答案！

最後，當我問咪咪能否再針對「十一點前五件事」的力量給予一些建議時，她說：

使用這個工具，讓我的生活變得更好。你會覺得一切井然有序、生活有所成就，自己更加能幹。我建議人人都該嘗試一週，在前一天先花十五分鐘，最好是在下班前，坐下來想想哪些煩人的小事牽絆住你，或是有哪些隔天一定要完成的事。將這些事情寫下來，一開始這張清單上的事可能會超過五件，先找出四件非做不可的事，然後再加入至少一件愈來愈沉重、壓在你心頭上的事情。我向你保證，在完成三十五件跟你最重要大事有關聯的小事後，你一定會迷上這個方法！

我完全同意咪咪的說法，但我們仍不斷看到人們為了釐清生活事務的優先順序而不斷掙扎。為了幫助你釐清哪些是價值最高的活動，以便輕鬆選出「十一點前的五件事」，我們設計了下一頁的「最高價值與最擅長活動工作表」。填完這張一頁的工作表，你很快就能逆轉局勢，從身不由己在無趣和沮喪中撐過一天，變成發揮自己的天賦和熱情、全心投入，充滿創意與效率。

最高價值與最擅長活動工作表

所有高價值的活動，都與有意義的人生目的有關。學習如何專注在高價值的活動上，包括四個步驟：

1. 寫下你在工作中、家裡與平常興趣喜歡做的事。你真正喜歡做的是什麼？
2. 確認自己的長處。你做哪些事時駕輕就熟呢？你的目標應該是將大部分的時間，投入在你最擅長的事情上。
3. 根據你的興趣與專長，寫下對你而言是高價值的活動。請回答這個問題：如果能活在理想生活中，我每天會如何利用時間？
4. 清楚界定結果。如果你將時間與精力聚焦在高價值的活動上，會有什麼收穫呢？如果能精心規劃每一天，將大部分時間花在高價值的活動上，你的生活在一夜之間就能轉變，也會變得永遠不同。

現在，請利用幾分鐘的時間，填寫「最高價值與最擅長活動工作表」。一旦清楚界定最高價值與自己最擅長的活動後，你會開始看到真正的價值。覺醒是知識的起頭，如果你從事同一份工作多年，也許你已經將八成時間花在低價值的活動上。這些活動未能讓你投入生命，也未能為你的人生創造意義。

一旦你能了解自己利用時間的方式，並將實際從事的活動跟最高價值與最擅長活動做比較，再你如何利用自己的時間？
寫下你最喜歡做的事、你的長處、你覺得最有價值的活動，以及你希望獲得回饋的方式。

最高價值與最擅長活動工作表

我在工作上最喜歡做的事有：

1. ______
2. ______
3. ______
4. ______
5. ______
6. ______
7. ______
8. ______
9. ______
10. ______

我的長處有：

1. ______
2. ______
3. ______
4. ______
5. ______
6. ______
7. ______
8. ______
9. ______
10. ______

我覺得最有價值的活動是：

1. ______
2. ______
3. ______
4. ______
5. ______
6. ______
7. ______
8. ______
9. ______
10. ______

我希望獲得回饋的方式是：

1. ______
2. ______
3. ______
4. ______
5. ______
6. ______
7. ______
8. ______
9. ______
10. ______

利用「十一點前五件事」的清單工具，將削弱生命的低價值活動改成能豐富生命的高價值活動上，你的人生就會變得更有意義。

擬定人生的路線圖

現在回想一下，你上週如何分配時間？若是將上週以每十五分鐘來切割，你覺得自己有多少個時間區塊專注在所愛的事物上、發揮了你的專長，並將時間花在能帶給你生命、工作與社交關係更多意義與好處的活動上？

生活不是以年來計算而已，還得以每分鐘來計算。為了徹底投入生活，你必須充分掌握每一分鐘。這就是時間管理為何很重要，也是微行動為何重要的原因。我跟不同產業的領導人物訪談，發現他們的專注力正是我所缺少的，這些人物都會定期讓自己從日常業務中抽身而出，將注意力專注在更長遠的目標及願景上。他們教我的是，**不論需要多少時間，我都應該花時間來思索人生應該走的方向**。

下一頁的圖表，說明我們如何以每十五分鐘為單位，來追蹤一個工作天中的時間分配方式。雖然是簡單的練習，卻能透露出許多蛛絲馬跡。在內心深處，我們知道若是能夠依循有重點的計畫來工作，我們可能會更投入生命。但為何我們沒有計劃呢？因為我們跟計劃之間，總是充滿著愛恨糾結的關係。「計劃」兩字本身就帶著負面的內涵，當老闆告訴你該是擬定兩年計劃的時候時，你難

15 分鐘時間區塊追蹤表

時間	活動	時間	活動
5:00		1:00	
:15		:15	
:30		:30	
:45		:45	
6:00		2:00	
:15		:15	
:30		:30	
:45		:45	
7:00		3:00	
:15		:15	
:30		:30	
:45		:45	
8:00		4:00	
:15		:15	
:30		:30	
:45		:45	
9:00		5:00	
:15		:15	
:30		:30	
:45		:45	
10:00		6:00	
:15		:15	
:30		:30	
:45		:45	
11:00		7:00	
:15		8:00	
:30		9:00	
:45		10:00	
12:00		11:00	
:15		12:00	
:30			
:45			

免會在私下哀號，一股沉重感衝撞著你的肚子。

舊計劃逼你承諾自己明知無法辦到的事，你知道當老闆給你一個遠人目標時，這個目標將會佔據你更多的時間精力。但有部分的你，仍是熱愛計劃的。當團隊都認可一項新策略，能看到未來的可能性時，這項策略計劃就賦予我們希望。這項計劃會激勵我們，讓我們的創意開花結果，不僅讓我們更投入生命，也讓我們挑戰自己。**當我們清楚看到全新的可能性時，我們的想像力會感染一股新鮮感，讓工作再度變得有趣。**

Chapter

8

你經得起磨練嗎？

——堅定是種選擇，意志力可以鍛鍊

在未來九十天內，完成四百五十項高價值活動

我希望你能在每個工作日結束前，用七分鐘來列出五項高價值活動，並許諾自己將在明早十一點前完成這些事。高價值活動是有目的性的活動，能讓你朝向目標前進，它們往往是能具體協助你帶著熱情生活、實現人生目的、落實最深層價值觀的微行動。

跟你一整天的工作相比，完成五件高價值活動，聽起來可能不算什麼，但想像一下連續做九十天的話呢？你將完成四百五十個步驟，朝自己的目標邁進。九十天後你的生活，會有多麼不同呢？當然，就像所有新習慣一樣，養成這個習慣並不容易。有些日子，「太忙」這個魔咒在腦中盤旋，我也會受到誘惑，想乾脆放棄計劃，埋頭苦幹把事情做完就對了。但當我正覺得自己鴻運當頭、一切都在掌控之中時，麻煩就來了！

請準備好，麻煩隨時會發生。可能是學校護士的一通電話，就打亂了你的一整天。也可能是對你更有衝擊的事，如親愛的人過世、喜歡的工作卻被資遣，或是班機取消等。麻煩永遠會不停發生，這時就要發揮堅毅不拔的精神，沒有這種態度，你可能會受到誘惑，重新回到舊時習性，在一堆火燒眉睫卻不重要的事情間忙東忙西。堅毅不拔的精神，就是七分鐘微行動計畫的下一個良好生活狀態。

妥善計劃、全心投入、活出人生目的，這件事聽起來很容易，像莊園生活般恬靜美好，直到生活中的麻煩，忽然一頭撞斷你的牙齒、讓你連站都站不穩。有些狀況發生了，讓你在路上停下腳

步，忽然間你感到害怕、憤怒、筋疲力盡，甚至這三種情緒同時湧進。在這種時刻，你面臨一個很關鍵性的抉擇——你是否要撐下去？

每個人都會面臨困境，檢視你是否經得起磨練，表示你要自問：「我是否能夠咬緊牙關，超越生命中的艱困時刻？當我面對重重障礙時，我是否奮力向前，還是退縮向後？」**堅毅不拔的精神，其實是個選擇。你需要下定決心，才能無視困難繼續前進。你需要有相當的耐心和毅力，才能開始並完成每項任務。**這項特質只有少數人擁有，因為相當困難，卻能為你的人生帶來豐厚的獎勵與收穫。

二〇〇五年，我參觀位於紐約州的西點軍校（the U.S. Military Academy at West Point）。校內同學不分男女，為了服務國家與捍衛自由的奉獻精神，令我感到敬佩。在閱讀丹尼爾・品克的《動機，單純的力量》時，我對西點軍校意志堅定的男女學生有了一些認識。下列的內容便是摘錄自品克書中的故事：二〇一〇年，共有一萬二千五百人申請入學，人人都希望自己能成為一千三百名幸運兒的其中一員，獲得入學許可成為培訓軍人。被選上的人在踏進教室之前，得先接受長達六週、被稱為「野獸營」（Beast Barracks）的嚴格新生訓練。新生訓練最後是十二哩的行軍，在這之前每二十個獲選受訓的人，就有一人會遭到退訓。

除非你很優秀，而且肯犧牲奉獻，否則你根本進不了西點軍校。儘管如此，並不是每個成功入學的人都會留下來。來自西點軍校、賓州大學（University of Pennsylvania）及密西根大學

（University of Michigan）的研究人員，提出了下列的問題：為什麼有些學員一路走下去、成為軍事專家，卻有人在半途上第一個出口就下車了？他們的研究發現，**那些撐下去走完全程的人，並不必然比提早離開的同儕要更強壯或聰明。最能預測成功的指標，並非聰明才智、體能條件或領導能力**。套句品克的話：「其實培訓學員在非認知性、非體能特徵上的評比，才是重點。這就是『毅力』，也就是『為了實現長期目標，所展現出堅忍不拔的精神與熱情。』」

毅力是讓我們突破現狀，前往明日目的地的祕方。在「我會試著去做」及「我會做到的」這兩句話之間的差異，就是有無毅力之別。保有堅忍不拔的態度，才能重複進行同樣動作。正是這種「撐住不放」的精神，能夠讓你說到做到，因此不斷進步，變成理想中的自己，過理想中的生活。

這種生活態度是個選擇，表示：

- 如果你說希望一輩子都擁有最好的身材，你便得盡一切可能讓自己一輩子都保持在最棒的身材。你會去運動、走路、跑步、舉重、做心肺功能訓練，每天都鍛鍊身體來保持健康。
- 如果你說想要重新找回信仰，就得每天都採取行動。你要閱讀、祈禱、聆聽、對外伸開雙臂，並服務你周圍的世界。
- 如果你說想要工作能力變得更好，就得努力提升自己的能力。你得念書、練習、尋找人生導師，並對自己所說的話負責。

仔細觀察，你身邊有人正在做你說過要做的事、過著你夢想中的生活，達到你許久以前為自己設定的目標——你同樣能夠做到。那麼，是什麼讓你裹足不前？老做法？壞習慣？**實現夢想需要努力，有時努力雖然好像徒勞無功，但是當生活變得困難時，你更要堅定信心，相信正是在充滿挑戰與壓力緊繃的時刻中，才會有最高層次的成長與最輝煌的勝利。**

南極堅忍號　不怕死的，就來吧！

我很喜歡英國探險家歐內斯特・沙克爾頓（Ernest Shackleton）的故事，他希望成為第一個步行橫越南極的人，結果這場長征變成一場跟大自然的漫長搏鬥，他得在無法想像的自然條件下設法生存。他堅毅不拔的態度與犧牲奉獻的精神，令人嘖嘖稱奇，也鼓舞同行隊員願意不顧一切，為生命與回家旅程奮力一搏。沙克爾頓與隊員搭乘「堅忍號」（Endurance）冒險的故事，讓我學到很多東西。下列是堅毅不拔的十大原則，對你也許會有所幫助。

1. 追隨你的熱情

「堅忍號」的旅程，並非沙克爾頓第一次嘗試寫下歷史的紀錄，在一九〇七年，他試圖成為第一個抵達南極的人卻未能成功。但他並未就此放棄；相反地，他把驅動自己的目標，落實成為第一位步行橫越南極的人。他相信南極大路上蘊含許多科學寶藏，他想要成為挖掘出這些珍寶的人。

從一九一〇到一九一四年，沙克爾頓為下一趟冒險旅程，擬定了許多計劃。他起草了一份計劃書，詳細列出所需的糧食與補給品。他為這趟冒險旅程擬定最安全的路線，然後他按照規定向英國政府申請正式核准。他也必須找到贊助經費，但因為英國正在大戰邊緣，所以這並不容易。事實上，他在一九一四年八月一日從倫敦起錨，而德國就在同一天向俄羅斯宣戰。但是，他仍舊堅持下去，最後在清除所有形式上的障礙後，該是尋找隊員的時候了。

2. 明白風險有多高

當然，沙克爾頓尋求的是個人報酬，或者可說是光環名聲，但他並非對等在前頭的危險與挑戰視而不見。他需要同行隊員也能了解有多少風險，據說他在報上刊登下列的徵人啟事，尋找船員加入「堅忍號」的旅程：

> 徵人啟事：
>
> 危險旅程，薪資微薄，得經歷漫長苦寒、永夜的月份，而且危險不斷，無法保證能平安歸來。但一旦成功，將獲得舉世榮耀與名聲。
>
> ——沙克爾頓爵士

這麼坦誠的徵人啟事，誰能不愛呢？不誇耀、沒有空洞的承諾，或是夢幻般的尋寶故事，但這則坦誠的求才啟事還是成功奏效，超過五千人回覆。為什麼？因為，就像你一樣，這些人都在尋找刺激、冒險，與有幸參與一件驚天動地事情的機會。

我們都希望自己能做大事，有幸參與一件能改變周遭世界的偉大事蹟。我們都想要享受心跳加速的體驗，讓自己屏住呼吸，感覺自己完整地活著——就像我的朋友凱倫用高空跳傘的方式，來慶祝五十歲生日一樣。**但承認風險存在很重要，因為這能讓我們做好準備，儘管困難重重，最後仍能成功抵達目的地。**

沙克爾頓從五千名應徵者中，選出了二十六位。最後加上偷渡者，全部探險隊人數變成二十八人。

3. 一開始就下定決心

沙克爾頓為他的船取名為「堅忍號」，因為他的家傳祖訓就是「我們靠毅力征服勝利」。沙克爾頓知道他面對的障礙，他深知極地探險的艱苦，正因如此，他將這艘船命名為「堅忍號」。有多少人需要將這當成座右銘？當一件事變得非常困難，我們很容易就會選擇放棄，甚至完全不做，因為障礙看似如此艱難，令人卻步。你必須從一開始就立下決心要堅持下去，走完全程直到終點。

下定決心，決定生命中什麼對你最重要，然後毫不動搖地讓這些決定在心裡安頓下來。**決心不是偶發事件，它們會改變你的生命。**我們需要先了解、產生信任感，才能下定決心。這類型的決定，一旦做出就會一輩子跟著你。

4. 充分利用環境條件

一九一四年十二月五日，「堅忍號」抵達最後一站，停錨南喬治亞島（South Georgia Island）。到了一九一五年一月十日，探險隊員已經可以目視南極大陸。一月十八日，船被浮冰完全包圍，此時離南極大陸海岸僅剩下八十五哩的距離。

浮冰早在意料之中，船上備有煤炭，好讓隊員在等待浮冰融化時可以保暖。但浮冰卻未融化，當太陽在五月一日西落後，他們知道接下來又是四個不見天日的月份。你可以想像那種寒冷與無望的感受嗎？被冰困住的探險隊，不是只活在黑暗中一天或一個月而已，而是漫長的四個月。最後，太陽再度露臉，但是船仍陷在冰凍海洋中，浮冰不斷從四面八方撞擊船身。

當你讀到這裡時，是否能感受到備受惡劣生活條件打擊的壓力？是否有時你也會覺得自己彷彿迷失在一個黑暗世界中？這種時候，你是如何自處的？

為了充分利用現實環境、維持隊員的士氣，沙克爾頓指派每個人工作。他相信船很快就會突破浮冰，所以隊員仍保持例行設備保養，好為最佳結果做準備。沙克爾頓也設法透過一套嚴格的運動訓練，確保隊員維持良好的體能狀況。為了保持士氣高昂，他們大聲唱歌，並彈奏一位隊員的斑鳩琴以自娛。透過這樣的紀律，讓自己專注維繫任務不輟，儘管面臨危險困境，沙克爾頓仍能安步當車，使得他替未來成功生存做好準備。

當時局充滿挑戰，生命看似一片灰暗之際，做你知道該做之事，將有助你持續走向正路，讓你身心皆能安然從容。沙克爾頓沒法令太陽升起或讓浮冰融化，但他繼續為未來做準備，從未鬆懈。眼前充滿危險與困難的現實處境，並未讓他嚇到慌張失措；相反地，他專注於對未來做好充分準備，讓整個任務持續下去。

5. 為最壞狀況做準備

在經過寒冷與絕望的十個月後，狀況卻是每況愈下。不斷推擠探險船的浮冰，終於刺穿了船身。雖然「堅忍號」對破壞的承受度遠高於隊員的想像，但浮冰壓力最終還是超越了船身的抵抗力。冰冷的海水灌入船裡，長一四四呎、寬二五呎的「堅忍號」，緩緩沉到海底。

沙克爾頓知道這天總會來臨，因為在過去數週來，咯咯作響的浮冰不斷摩擦衝撞船身。為了預防這個可怕的結局來臨，隊員早已將多數補給品搬下船。他們在浮冰上，替所有狗群搭建了圓頂冰屋，也將船上三艘救生艇全數搬下來。他們盡其所能從船上搶救物資，當船終於沉入海底時，他們搬進冰上帳篷。

就像浮冰對「堅忍號」所做的，生活中不斷的壓力，也會這樣對待你。**日復一日，生活中的耗損將會變得難以承受，到了最後你就會面臨被全面壓垮的威脅。也許，你無法避免導致生活壓力排**

山倒海而來的狀況，但你可以採取行動，讓自己為最糟狀況做好準備。

毅力是種深入內心找到力量與勇氣的能力，它令我們的人格完整，是一種不屈不撓的精神，能夠有勇氣、果決不移地做出決定。

6. 保持信心

包圍「堅忍號」船身的浮冰，約有六到十呎厚，直徑近兩哩長，可說相當厚實。船沉沒後，沙克爾頓與隊員無法對外求援，只能活在這片大浮冰上，讓洋流與海風帶著他們隨處漂流。但隨著天氣變暖，浮冰開始融化，三不五時就會突然晃動並裂開，一大塊冰隨之分離、掉落。

裂縫無預警出現，他們永遠無法得知裂縫是否已在帳篷下方形成，可能讓他們直接落入海裡。一群人的性命懸在恐怖平衡上，如果浮冰裂在錯誤位置，他們可能立刻失去所有屏障或補給品。而大浮冰確實就這樣斷裂了！在近六個月後，原先的浮冰已經縮小到直徑僅剩二百碼大小。

想像一下：沒有收音機、沒有通訊、沒有搭著直升機空降救人的英雄，沙克爾頓團隊就這樣被困在汪洋大海中一片小小浮冰上。他們知道，要脫離險境，只能靠他們敏捷的心智、體能技巧與團隊經驗。你是否有時曾感到寂寞呢？你是否曾迷失方向，在痛苦環境中載沉載浮呢？只要想像一下，如果你真的孤立無援被困在大海中，就知道是什麼感覺了。

沙克爾頓的隊員感到絕望，但儘管苦寒不止、溼冷不斷，這二十八人仍舊懷抱希望，相信自己能找到回家的路。他們有可能是絕望的，但相反地，他們積極採取行動。他們還有三艘救生艇，因此便決定上船航向大海。

在考慮了所有的選項之後，他們知道一定得離開這片狡猾、危險的浮冰區。所以，他們上船啟航，奇妙的是，在啟航幾天後，他們就看到陸地！洋流將他們帶到離象島（Elephant Island）不到三十哩的地方。一九一六年四月十六日，在長達一年多離陸生活後，他們首度踏上堅硬的土地。這座小島不過是岩石與冰的結合體，但這正是他們需要的！

當你感到絕望、迷失時，正是堅毅這項特質，發揮最大效用的時刻。你可以選擇放棄，**你也可以選擇相信更好的一天即將到來——保持信念或放棄，全都是你的選擇**。但如同沙克爾頓探險隊故事給我們的啟示一樣，奇蹟可能就在地平線邊緣另一頭等著你。

「韌性」表示「抓住不放」，這是一種「不論代價都緊握不放」的特質。堅毅不拔的精神，表示永不放棄、永不放手。

7. 推動小小的進展

沙克爾頓團隊躲過眼下之危，因為有企鵝可吃，所以他們不至於挨餓。小島雖是個避難所，終究不是長遠之計，沙克爾頓知道他們是不可能被人發現的。於是，他們只在象島上待了八天，就決定搭上救生艇重新上路。他們的目標是航行八百哩，穿越大海回到南喬治亞島，該島上有捕鯨站，是最近的有人島。

起初，救生艇兩側的高度，僅多出海平面不到五吋而已。隊員利用搶救回來的木頭，將救生艇兩側撐高到超過一呎高。他們還搭出一個木造保護頂，罩住救生艇上方，沙克爾頓才下令啟航。相較於他們將踏上的旅程，這些改裝或許顯得微不足道，但睿智的沙克爾頓知道，這些小改變會大幅提升他們的成功機率。

你該如何做好上路準備呢？你能夠利用哪些小改變，來改善你的生活呢？多數人都認為必須採取極端步驟，才能讓改變發生。但是，這個故事告訴我們，有時像是在救生艇兩側加上十五吋高木頭這種小改變，卻能讓一切改觀。

現在，你就能進行上百個微行動，來改善你的生活、社交關係、健康與工作成效。**你不需要極端的大變革，即便是每天微小的行動，很快就會聚沙成塔，促使重大改變發生。**

比方說，你能不能每天多喝一杯水？能不能提早一小時就寢、多走十五分鐘的路、讀十頁的書？答案當然是肯定的。就像沙克爾頓的例子一樣，我知道你也明白微行動所能帶來的益處。

8. 做該做之事

一九一六年四月二十四日，在苦寒冷風中，沙克爾頓決定與五位隊員航向廣袤海洋。他們離開象島安全的屏障，在一艘小小的救生艇上，僅靠一個羅盤、六分儀、五十呎長的繩索、天上的星星，以及信心來引導他們。

太多人選擇留在像象島這樣「安全」的地方，雖然知道眼前並非是最好、最健康、最安全的狀況，但還是選擇停留在同樣熟悉的地方，而不是冒險去挑戰未知。他們不願意登上那艘救生艇，甚至不願意透過簡單的小改變，來打造自己的人生。因為不願意承擔任何風險，他們慢慢地死去。

沙克爾頓冒險踏上回航南喬治亞島的旅程，因為他相信這是正確的事。十七天後，他與隊員完成航海史上最偉大的航行之一，他們的救生艇在哈康國王灣（King Haakon Bay）登陸，那剛好是原先目的地捕鯨站的島嶼另一頭。此時，這艘嚴重受創的救生艇已經完全報銷了，他們當中只有三人還能走路，另外三人因為過度曝曬，已經瀕臨死亡邊緣。他們原本可以放棄，但他們仍舊撐下去。

三個健康的水手，將破船上的螺絲取下來，想釘到他們的靴底以防滑。他們嘗試、失敗、再來一次，總共花了九天時間才完成。然後，靠著驚人的毅力，他們連續三十六個小時不休息，徒步走完最後的旅程。雖然已經身心俱疲、被逼到極限，但他們仍一步步靠著羅盤與五十呎長的繩索，翻過數千呎高的冰封山脈。在南喬治亞島西岸登陸十天之後，他們成功穿越這座沒有在地圖上標記的孤島，抵達島嶼另一頭史壯尼斯灣（Stromness Bay）的捕鯨站。

這些人費盡全力做所有該做的事，只為了達成目標——尋求援助。**你是否也正在做所有該做的事，來拯救你的人生？你是否勇於承擔必要的風險？儘管前景未明，你是否仍有決心堅持下**

去？意志力能將你推向任何方向，可能對你有好處，也可能有壞處。意志力可以很有創意，也能很有說服力。你每個時刻做出的決定，都會影響你的行為，而意志力正是控制這些決定的驅動力。從早上幾點起床、願意安排多少時間運動，到要吃什麼東西，意志力控制了你的每個行動。意志力並不掌控你的語言，它真正影響的是你的實際行為。

9. 記得你是誰

一九一六年五月二十日，沙克爾頓敲了史壯尼斯灣捕鯨站的大門。捕鯨人的問題直接了當：「你是誰？」他說：「我是沙克爾頓。」**在漫漫的人生旅途上，你要記得自己是誰、人生目的為何。**沙克爾頓是位領袖，在旅程中，他的目標從成為第一位徒步橫越南極洲的人，變成讓隊員安全回家的團隊領導人。不論面對什麼樣的挑戰、令他分心的問題，甚至是覺得自己毫無勝算的懷疑，沙克爾頓都不放棄讓團隊平安的目標。他很清楚自己的任務，因此隊員中有兩人能在安全、溫暖的捕鯨站休息，而留在島嶼另一頭的另外三人，沒多久也被平安救回。現在，他的隊員有五人安全無虞，其餘的二十二人則還在象島上。

沙克爾頓是一旦下定決心便堅持到底的人，你會發現這種生活態度，部分會表現在永遠將視線緊盯最後獎賞的決心與紀律，絕不輕易將視線從目標移開。這種專注力，將會協助你客觀因應挑戰與令人分心的雜務，因此你才能成功。

10. 永不停止嘗試

不到三天，沙克爾頓就折返象島去拯救剩下的隊員，但冰層太厚使得他被迫折回。接下來三個月，他一直試著折返象島。第一次的努力，他推進到離象島僅剩一百哩的地方，但最後被冰擋住。第二次他離象島不到六十哩，但浮冰又迫使他折返。第三次仍舊徒勞無功，最後一次第四次總算重回象島。沙克爾頓不確定自己會看到怎樣的情況，但當他發現二十二人都還健在時，大大地鬆了一口氣。像奇蹟般似的，每個人都活下來了！

沙克爾頓最先設定的任務，是成為第一個成功橫越南極大陸的人。已經有人在一九一二年抵達南極了，所以他想完成岸到岸的跨洲探險。雖然他沒有成功，但他的失敗卻為另一項更偉大的壯舉開啟序幕——數百萬人都聽過他的故事，如果你能了解其中涵義，就能了解堅忍毅力的真正意義。這趟探險面對了危險、克服了看似不可能的挑戰，變成人類求生的英雄事跡。事實上，沙克爾頓不只是達成目標而已，還證明了聚焦在目標上的勇氣，不僅能夠締造成功，還能開創出一趟驚奇不凡的旅程。

沙克爾頓的故事，是有關毅力的故事，也是有關想像力、夢想、欲望與實踐的故事。為了圓夢，他積極採取行動，甘願賭上自己的性命。雖然夢想差點讓他賠上性命，但是他的堅忍毅力，卻創造出一生的終極探險，讓他青史名留。**追求夢想可能會讓你付出代價，但是不嘗試實踐人生目標的代價，更為昂貴。**

意志力可以鍛鍊

不幸的是，人生鮮少按照計劃進行，意外總是從四面八方衝撞我們，就像包圍沙克爾頓探險船的浮冰一樣，擠壓著我們的時間與精力。這些狀況衝擊你的生活，但往往卻不是因為你自己的過失，也許是碰到像癌症這種嚴重的健康問題，也許是因為大環境的經濟不好，影響你的工作或財務狀況。**不論被何種情勢包圍，你都有選擇權，可以決定自己要如何因應當前局勢。你有自由決定要採取哪些行動，你可以讓艱困處境壓垮你，也可以選擇變得更堅強。**如果你經得起磨練，你面對的挑戰便可能成為人生中最重要、也最有利的轉捩點。

你是否曾經懷疑：「為什麼有些人的意志力，似乎比我堅強？是什麼阻止我成為理想中的樣子？我知道自己想做什麼，我也寫下我想做的事，但我似乎就是無法要求自己說到做到。」在想跟做之間，是有差別的。釐清自己的人生目的並設定目標，能讓你清楚了解自己想做的事，但還有另一個步驟。《選擇途徑的原則》（*The Principle of the Path*）作者安迪·史丹利（Andy Stanley）說：**「不是你的意向，而是你走的方向，決定了你的目的地。」換句話說，你的行為決定你的目的地。**

每個人都會經歷一段心理歷程，決定要往哪裡去，並用心承諾投入那段旅程。這是一項認知過程，是深思熟慮後的決定。人們總是三不五時就會思考自己要往哪裡去，問題是：你是否只停留在想的階段，還是你已經準備好，下定決心採取行動？你必須決定要採取怎樣的行動，並許諾自己投入其中。

毅力讓你得以專注在對你最重要的事情上，不論你面臨了多大的阻礙與干擾。唯有走在心中與靈魂中的道路上，你才能堅定不移，因為不論多麼艱辛，這條路都是你想走的路，你願意付出一切代價抵達終點。每個人都會根據自己的價值觀與理想，來選擇自己想走的路，但唯有與內心想望產生密切連結，你才能感受到堅忍不拔後的苦盡甘來。

你有毅力嗎？你經得起磨練嗎？你是否可以增強自己的意志力呢？相信你現在早已知道，答案當然是肯定的！人類大腦的奇妙，可是一點都不會令人失望。心理學家與科學家都相信，意志力是可以被衡量與增強的。你可以增強毅力，前述已經提過，大腦的可塑性催生改變。**改變發生的速度令人震撼，你不需要花一輩子的時間才能改變，只消下一個決定而已。**

雖然科學家尚未找到意志力存在大腦哪個部分，但是他們知道這是個有限的資源。凱斯西儲大學（Case Western Reserve University）進行的一項研究顯示，被要求靠毅力撐過一項要有強大意志力才能撐過的人，一旦被賦予第二項任務時，比較不可能撐過第二項任務。在珊卓・阿瑪特（Sandra Aamodt）與王聲宏（Sam Wang）兩位博士合著的《大腦開竅手冊》（*Welcome to Your Brain*）中，曾提到一項研究，其中一組志願者得吃小蘿蔔，另一組志願者可以吃剛烤好的巧克力碎片餅乾，然後兩組人都要解決一個不可能解開的謎題。

兩位作者表示：「吃小蘿蔔的人，平均八分鐘就會放棄解題。他們努力的時間，比起吃餅乾或不必吃小蘿蔔的人，還不到一半。當人們有壓力時，因為付出努力而疲憊，或因為缺乏睡眠，對任務的堅持度也會跟著降低。」這告訴我們，進行一些簡單的「賽前」心理建設，就能讓專案成果變得不同。既然如此，為何不試著在下次重要的幕僚會議時，提供一些熱騰騰、剛出爐的巧克力碎片餅乾呢？即便像是確定「團隊在展開新專案前已有充分休息」這樣簡單的事，都會影響到他們的熱情與投入程度。

阿瑪特與王聲宏認為，意志力就像肌肉一樣：「負責激發積極控制力的大腦機制，仰賴的是一種可能會耗竭的資源。」大腦的精力有限，可以很快就耗光殆盡，讓你無法挺直腰桿，來面對每天生活中會遇上的困境。但如果我們愈加鍛鍊意志力肌肉，這條肌肉就會變得更強壯。換句話說，**你愈常利用前額葉皮質層、花更多時間規劃方向、投入更多時間實現自我承諾，那麼你的意志力就會變得更強大**。就像肌肉一樣，意志力似乎愈用愈有力。

就跟運動一樣，飲食對你發揮意志力的能力也很重要。阿瑪特與王聲宏的理論是，意志力的衰減跟大腦如何綜合血糖有正向關係。血糖是大腦主要的能量來源，兩位作者表示：「在一天當中，多數的認知功能不會受到血糖值微量變動而有所影響，但是規劃與自我控制這些功能，則對這種小變化很敏感。」維持適度的血糖值，可以協助讓意志力維持在較佳狀況。像是攝取更多維他命與複合式碳水化合物這種簡單的事，將有助你緊盯為自己設定的目標。

很明顯，意志力有其物理與心理上的限制。了解自己的人生目的，良好管理自己的壓力，並採取健康飲食，都能幫助你拓展這些限制範圍。接下來，我們來談談壓力，了解壓力如何影響身體與大腦——不論是正面或負面的壓力。

黑色狀況發生時，先做深呼吸

戴夫．葛羅斯曼中校（Dave Grossman）是《論殺戮》（*On Killing*）與《論戰鬥》（*On Combat*）的作者，也與他人共同撰寫了《戰士心態》（*The Warrior Mindset*）一書。他一年當中約有三百天到處旅行，訓練軍人、執法人員與學校警衛關於暴力的真相，包含該如何做好準備、預防發生、與其共存，並因應暴力後受創壓力症候群的效應。他是個壓力專家，深知壓力對身體的影響。

根據葛羅斯曼中校的解釋，壓力不僅在我們的生活中扮演了重要角色，也對我們的大腦有重要影響。當我們害怕或憤怒時，身體內血管會收縮，限制血液流到身體的外層部位。不幸的是，大腦是血液流量最早就會減少的極端部位，前腦部位——也就是控制理性思維、規劃能力與執行力的前額葉皮質層，會因此關閉。

大家都曾在電影中看過這樣的場景：妻子準備要分娩了，丈夫急忙跳到車內開往醫院，卻忘了帶妻子上車。**在極端的壓力下，並不是你不想專心，而是你在生理上無法達到專心狀況，因為根本就沒有足夠的血液流到大腦前側。**此時，換成中腦介入，而中腦掌管的是大腦原始動物本能部分。當你面對沉重的壓力時，這個由直覺驅動的部位就會接管大腦，試圖保護你。中腦並不理性，它無法進行有前瞻性的思考。由情緒驅動的中腦，只具備對外界刺激做出反應的本能。

血液流量之所以會減少，部分是因為血管收縮。葛羅斯曼中校表示：「血管收縮，是人類回應壓力的一種自然生理反應。有趣的是，身體的外層，會變成像是一層盔甲一樣。人類身體周邊可以承受很嚴重的創傷，只要敵人並未打到動脈，你就不會大量失血。這是一種威力十足的生存機制，在壓力沉重的情況下，就會自動開啟。」

雖然血管收縮有助於保護身體，卻也會造成肌肉缺血的副作用。如果血液無法流到肌肉，肌肉就會停止運作——這就是為何壓力的初步徵兆，就是失去對基本肢體動作的控制。如果你曾因為超速被警察要求停靠路邊，你就知道無法好好簽名的感覺，因為你的手會發抖，而你之所以不能好好控制肢體行為，是因為被開罰單讓你感到壓力沉重。

如果壓力持續上升，你會慢慢失去對複雜肢體行動的控制。情況會愈來愈糟，直到你進入某種災難狀況，以軍事術語來說，就是所謂的「黑色狀況」（condition black）。在「黑色狀況」下，第一個關閉的，就是你的聽覺。在高壓的戰鬥環境中，許多軍人無法聽到槍響聲。隧道幻覺（tunnel vision），則是另一種回應高壓的生理反應。你也許曾聽過人們描述在高度緊張狀況中的體驗，彷彿像是從衛生紙捲中看東西一樣。有軍人曾表示，隧道幻覺可以嚴重到好像是透過吸管看東西一樣。

如果你不解為何電影常用慢動作來捕捉高度緊張的戰鬥場面，答案可能是因為那正是真實人生中我們體驗這種狀況的方式。如果你曾經歷車禍的話，雖然那其實不過就是一瞬間的事，但你卻會覺得好像過了好幾分鐘的時間。「黑色狀況」的最終效應，就是你的記憶會被扭曲，理性思維會停止。在緊張狀態下，根本就沒有血液流到大腦前額葉皮質層，來支援理性思維。**壓力愈沉重，我們的行為就會愈不理性。**

葛羅斯曼中校指出：「在壓力下，我們的世界觀會被嚴重破壞。壓力能讓你旋轉、失控，進入各種不同的動態中。」但他表示，我們仍有可能做好準備，限制壓力的影響，讓自己在任何處境下都能堅定不搖。比方說，**像是深呼吸這麼簡單的動作，就能讓血液中的含氧量回到正常水平，重啟前額葉皮質層的理性思維。**

每一次選擇堅強，意志力就提升一級

德國哲學家尼采（Friedrich Nietzsche）曾說：「**殺不死我的東西，只會讓我更強大。**」葛羅斯曼中校表示：「聖經一再重複同樣的東西。〈羅馬書〉（Romans）第五章三到四節如此說：『不但如此，就是在患難中，也是歡歡喜喜的；因為知道患難生忍耐，忍耐生老練，老練生盼望。』」

毅力這件事，也是個古老的課題，並非新鮮事。我們對人類的毅力必須要有信心，相信人類有能力撐過艱困時刻，歷經風雨淬鍊後會變得更強壯。改變是生命與自然的常態，人們每天都在變，我們都可以選擇成長。

當我詢問葛羅斯曼中校，對人類的改變與成長有何看法時，他開始談論人類大腦的可塑性，這

毅力小測驗

你可以刻意每隔幾天，就在行事曆放上很有挑戰性的「十一點前五件事清單」。

比方說，如果你是業務人員，目標是在十一點前打三通行銷電話給潛在客戶，那麼在某一天，你就可以用十通電話來挑戰自己。

對做業務的人來說，有動作就等於有營收。如果你的活動量增加三〇〇%，營收也會跟著成長。當你遠遠超越過去自以為僅有的能耐時，某種有趣的東西便會在心中慢慢浮現。你的信心會增強、興奮感會增強，整體效率也會跟著提升。在日常工作中，你會重新感覺到很有意義，因為當你看到自己的成就提升到更高層次時，品克所描述的內在獎勵，也會跟著大幅提升。

個回答完全不令我意外。他說：「請將人類大腦想像成一大片草地，每次不論你走在草地的哪個角落，你都會在身後留下一道足跡。你的大腦是這片草地，而足跡就是你的記憶力。你在同一條途徑上來來回回走上愈多遍，你留下的足跡就愈深，這條路就愈明顯。」你，變成你所思考的一切。

葛羅斯曼中校表示，軍隊利用神經可塑性，訓練軍人加強毅力與生存能力。他說：「我們每天都模擬真實狀況來訓練軍人，我們訓練他們的體能，鍛鍊他們的心智。每天，我們都給軍人一連串的挑戰，他們發現自己有辦法應付眼前的挑戰。經由這樣的訓練，他們建立自信心、鍛鍊出體能。如同他們的肌肉回應體能訓練一樣，他們的大腦同樣也會快速回應心理鍛鍊。」

規律地嘗試克服小挑戰，將會強化你的毅力。學會新技能的興奮感，也會提振你的自信心。奠基在克服挑戰與重複行為的神經可塑性與訓練，使得軍事訓練如此威力強大，協助年輕男女培養出正面的生活技能。這也是軍人即便在驚人壓力下仍能堅毅不拔的原因，經由不斷克服小挑戰，他們知道自己終能締造輝煌戰績。

葛羅斯曼中校在美國陸軍特種部隊訓練學校（U.S. Army Ranger School）培養出自信心，他說在校受訓經驗如此艱辛，令其他一切都顯得很容易。在嚴苛的訓練演習中，軍人可能好幾天都沒有食物、不能睡覺。他記得某個訓練夜晚激烈到令人身心俱疲，他幾乎已經準備好要退學。

葛羅斯曼中校還記得：「我累到極致，已經有好幾天沒吃東西，也沒睡覺。當時我們正在巡守，得爬上那個滑不溜丟的山坡。山坡很陡、很高。」路很陡，使得他得靠樹木借力使力，才有辦法攀爬到山頂。他的肌肉酸痛，雙腳在泥濘中滑倒，他唯一能看到的，是前方弟兄頭盔背面的兩條反光貼布。黑暗包圍住他的身體，也籠罩在他的心裡。

「當我一路爬上山時，我每跨出一步，就對自己說：『下一步，我要放開樹幹，滾下山坡，渾身受傷，然後光榮退訓。』」他至今都還記得，他不斷告訴自己：「只要再多走一步，然後我就要放棄了。只要再多走一步，多一步就好，一步就好！」

當然，一步一步加起來，最後還是讓他抵達山頂。在進攻下個山頭前，他可以稍微喘口氣。他回憶道：「然後，你又再經歷同樣的過程，但你心裡知道，最後可以睡覺休息，也會有食物可以吃，讓自己恢復體力。不過，你會對自己說：『我絕不讓自己再陷入那種情況，這輩子，我絕不要再為了生存跨出那一步！』然後隔天晚上，你發現自己又重複做同樣的事。」

毅力的累積，來自日常的每一步

我不是軍人，所以無法想像要有怎樣的毅力，才能逼自己承受那樣的痛苦。那為什麼他們願意？答案很簡單。葛羅斯曼中校說：「這麼做，增強我們的勇氣。勇氣不過就是再多跨出一步。」

這些人擁有哪種意志力與毅力，是我們所沒有的呢？我甚至連控制自己的運動習慣都有問題，但在那種程度的身心要求下，他們是如何能因應自如？葛羅斯曼中校提醒我：**培養意志力，不過就是要繼續跨出那一步**。他有許多成功經驗，來自於之前體驗過的成功滋味。他知道，當時間到的時候，他會再跨出那多的一步。他的勇氣、企圖心與意志力，都來自他之前所跨出的每一步。

史蒂芬・普雷斯菲爾德（Steven Pressfield）的《火之門》（*The Gates of Fire*），是海軍陸戰隊指揮官的必讀書之一。這本書在開頭就提出這個問題：「恐懼的反面是什麼？什麼能壓制恐懼，就像水能滅火一樣？」答案是愛。

葛羅斯曼中校表示：「為了拯救同袍，軍人戰死沙場。說穿了，愛他人的心，就是人們為什麼願意犧牲自己的原因。」堅毅不拔的精神，就是奠基在這種愛之上。你對他人的一絲絲關懷、對他人的愛、希望不要讓別人失望的欲望，這些全部加起來，就變成讓你能堅毅不拔、多跨出一步的重要關鍵。

堅毅不拔是因為愛，人生目的的基礎是愛。沒有愛，不可能打造出有意義的生命。沒有愛，根本無法堅持下去。當你覺得情緒緊繃、壓力沉重、好像撐不下去的時候，葛羅斯曼中校的建議是：**「千萬不要用最糟的一天來評斷自己，要對自己的良好表現感到驕傲。每天醒來後，請你在那條戰士路上多跨出一步。**祈禱一生的準備已經足夠，在真相揭密之際與需要援助的時候，你將會是引領他人回家的那個領袖。」

「愛會壓制恐懼，如同水能滅火一樣。證明愛最偉大的方式，不是犧牲自己的生命，而是為你的家人、為其他人，犧牲奉獻你的一生，並將他人的福祉放在自己的福利之前，包括企業中的人與你的家人。到了最後，只有愛才有意義。**我們被賦予了去愛而非恐懼的靈魂，愛是宇宙中最有改造力、最能夠影響一切的力量。**愛他人、愛上帝、愛自己。最偉大的力量，就是愛。」

突破最後一碼線

像是軍事訓練一樣，你也可以在每天的生活中，增加一些可以克服的小挑戰來訓練自己。這個七分鐘微行動計畫概念，稱為「突破最後一碼線」。在你的一生中，啟動了多少計劃卻未完成？有多少次一個新穎的行銷概念震撼了你，但六個月後，你卻發現這份檔案還放在桌上塵封未動？為什麼在工作上，毅力也很重要？因為做了一半的事，並沒有做好。

在美式足球的世界，若你能將球從自己的達陣區，一腳踢到對手的最後一碼線上，你就是立下大功，將球推進了九十九碼。不幸的是，就算球落在最後一碼線上，仍是徒勞無功，除非你能堅持下去，將球踢過最後三十六吋的距離，成功達陣。多年以來，我看過無數場美式足球賽，發現球隊經常得在最後一碼線上重新開球。如果你不知道這段距離有多長的話，請舉起你的右臂，向右側伸展開來。從你肩膀到指尖的距離，便是球隊還需要再向前推進的距離。

我從球場露臺上看下去，在心中譴責那些六呎五吋高、體重超過三百磅的大個頭球員。他們的體能正處在人生巔峰，他們不斷練習，就是為了掌握住球員生涯中的這個機會。我忍不住大喊：「老兄！往前推就對啦！」但是當我看著這些球員使盡全身力氣，拚命掙扎將球推進不過三十六吋遠的距離，我心中感到一股深沉的痛苦。我想到，在生活中有多少時候，生命彷彿在離最終目標僅差一步路時，就停止不前了？

被遺留在最後一碼線上的生命，可說是停留在很難堪的位置上。目的地已經在望，你已經克服了所有的障礙，如此逼近終點站。你這麼辛苦撐到現在，絕不甘心在幾乎達陣前就放手。有多少人聽到這個，會心有戚戚焉呢？多年來，你的工作表現一向很好。你知道自己很能幹，你可以看到目標已經很近，距離你一直在追求的人生目的與意義，只有咫尺之遙了。

然而，這是喊出暫停的好時機！如果我是教練，我會要求球隊暫停，想想他們剛才成功征服的九十九碼。我要他們感受那種興奮、刺激，以及帶領他們衝到最後一碼線的那股力量。我要他們重新做好心理建設，為終極勝利做好準備。然後，就像凱倫一樣，我會提醒他們看看自己已經移到門外的腳趾。真的！要衝過最後一碼線，就是這樣簡單。最後一段的衝刺，正是我們體驗全新成長的時候，也正是在此時，我們會充分感受到奮力一搏、跟挑戰硬碰硬的強烈情感。要衝破生命的最後一碼線，就是多跨一步，再接再厲再跨一步，然後再一步。

為了突破生命的最後一碼線，你必須先從認清自己被卡在何處，以及為何被卡住開始下手。也許是因為生活條件讓你覺得被困住，也許你覺得需要接受更多教育或學習新技能，不論牽制你的因素是什麼，想要突破困境的部分要素，就是得誠實面對自己的所思所感。唯有如此，你才能客觀評估自己的想法與感受，檢視它們是否合理，或者不過是需要被汰換的老舊認知模式。

生活中有許多牽絆住你的原因，是無所作為、猶豫不決、惶惶不安與沒有準備這些自我欺騙的障礙。想要培養出突破最後一碼線的能力，往往得回顧令自己一開始就成功的那些基本技能。你可能得打破一些舊習與陋規，嘗試新的做法。你有可能得擬定新的運動計劃、變成第一個到辦公室的人，或是利用某個早上整理辦公室中那些亂七八糟、阻礙你工作的雜物。

做了一半，等於沒做。突破最後一碼線，並非只是要你採取最小的步伐向前進而已，而是要每天都這樣做。突破最後一碼線的球隊，是在過去六個月中，每天都在體育館多做十五次重複練習的團隊。他們會多喝一瓶水，會提早三十分鐘上床就寢，好讓身體獲得充分休息。他們會多練習三場比賽，直到一切感覺很棒，而不是還不錯就好了。**如果你已經準備好突破生命的最後一碼線，就必須每天採取微行動、做出選擇。**

魅力人物背後的祕密

難道你從沒遇過那種似乎擁有一切的人？一個擁有你渴望東西的人？這些罕見的人擁有一種磁力，他們的人格特質會像重力一樣，吸引你朝向他們。他們就是「什麼都有了！」的人。他們走進房間，室內整體的能量水平就隨之上升。他們被介紹給你認識，從那刻起你就相信他們是你的朋友，會站在你這邊。就在一瞬間你喜歡上他們、信任他們，希望他們能傳授你一些祕訣。

僅少數人擁有這種力量，身為作家與講師，我有幸認識許多這種人。史蒂芬・史賓瑟（Steven Spencer）是一家重量級藥廠的資深主管，數年前，我們相識於一場由我擔任講師的訓練活動，他就是那種「什麼都有了！」的人。他分享該如何突破生命最後一碼線，內容如下：

「我是個三十八歲的黑人，由我母親獨力將我扶養長大。我的父母都沒上過大學，至今我仍跟他們很親近。幸運的是，我很擅長美式足球，即便我的高中成績平平，卻有好幾所大學邀請我加入他們的校隊。我選擇就讀賓州東部的拉法葉學院（Lafayette College），在四年內拿到了心理學學位。

大學畢業後，我白天在銀行擔任全職櫃檯行員，晚上則當個人教練。我絕對遵守工作道德，早上八點開始銀行工作，下午四點下班。然後，從五點開始，我在健身房擔任個人教練，晚上十一點下班。一週五天，這就是我的行程。在週六與週日時，我則從早上八點到下午五點，做個人訓練。」

我問史賓瑟，是什麼樣的成功祕訣，讓他跟尋常大眾如此不同？他說：「我不認為我跟其他人有何不同。我認為我唯一做到的一件事，就是言出必行、說到做到。我認為，每個人都有很好的機會。」當史賓瑟想到這些年來他認識的那些「什麼都有了！」的業務人員與主管時，他臉上浮現笑容。他說：

「當這樣的人走進會議室時，整個房間都亮了起來，你知道這個人將會讓這場會議有所建樹。我會說，這些人紀律嚴謹、堅毅不拔，擁有高度的誠信、能力、個人意識，與深植心中的內在驅動力。他們明確知道自己的方向，清楚什麼東西賦予他們生命意義與成就感。他們的生命有明確目的，知道孰輕孰重，他們會設定對自己很重要的目標。

但是，最重要的差異，並不是這些人『什麼都有了！』，是他們每天都在生活中實現自己想要的一切，言出必行、說到做到，不是嘴巴說說而已。他們的言語內化成自己，他們不必向誰證明什麼，他們依照自己想要的方式生活，因為他們就是這樣的人。」

當我問史賓瑟，他如何重新點燃對工作的熱情，他的回答讓我不住微笑。「我如何重燃對工作的熱情？我甚至可以單用一隻手，算出我幾時沒用熱情投入工作。我想，這就是我跟別人的差別吧！」最後，我問他：「活出生命的意義，對你來說代表什麼呢？」「四個字：我很快樂。」

下頁是「什麼都有了！」的人所具備的人格特質，雖然這張清單看起來很嚇人，但請記得，當你設定好優先順序，決定將時間與精神投注在最重要的事情上，屬於你自己的「什麼都有了！」的要素也會隨之擴大。清單上有許多特質，能透過不斷重複的行為來學習或改善。的確，有人似乎與生俱來這類特質，但我們都能深思熟慮做出選擇，決定專注培養哪些重要特質。

最棒的是，你會發現全心投入，不只讓你有機會成功，還能讓你對人生感到滿足，因為全然投入會為人生創造出更深層的意義與成就感。

「什麼都有了！」的人的人格特質

○ 有強烈企圖心	○ 充滿熱情	○ 無所畏懼
○ 井然有序	○ 善於聆聽	○ 身心健康
○ 有專注力	○ 有相當自信，但不武斷	○ 創意豐沛
○ 是規劃者	○ 有良好的工作道德	○ 幽默感很好
○ 有清楚願景	○ 有團隊合作精神	○ 是領導者
○ 清楚自己的人生目的	○ 有夢想	○ 自動自發
○ 不怕冒險	○ 保持適度飲食	○ 紀律嚴謹
○ 堅毅不拔	○ 體態優美	○ 是創新者
○ 風度優雅	○ 懂得適時說「不」	○ 生活均衡
○ 魅力十足	○ 對自己負責	○ 知識淵博
○ 具有「做就對了！」的態度	○ 說話簡明扼要	○ 才華洋溢
○ 精力充沛	○ 立場一致	○ 充滿自信
○ 腳踏實地	○ 心態開放，願意接受新觀念	○ 能幹老練
○ 善於溝通	○ 擁有良好組織能力	○ 才智聰明

Chapter

9

你處於「順流」狀態中嗎？

——八個關鍵帶你走出逆境，進入順流

我們偶爾都曾進入過「順流」的狀態中，上一次你如此專心投入一項任務，覺得時間彷彿暫止不動，是什麼時候呢？你是否曾經徹底陷入你喜歡做的事情裡，即便肚子餓也無所謂呢？活在「順流」狀態中，就是選擇時時刻刻都要活在自己的最佳狀態中，這會讓你活出最好的一面，也會讓你處於黃金地帶、發揮最高潛能、締造最佳成績。我們只能在當下體驗到順流狀態的流暢感，它無法被持續擁有，也無法被捕捉。但是當你體驗到時，你就會有感覺。在那些時刻，你活出自己想要的生活，同時還向前推進了一點。

我偶爾會要求工作坊的學員站起來，將手舉向空中，舉得愈高愈好。然後，我們要求他們再舉高一點，再高一點就好。正是在這種「再舉高一點」的努力當中，你有機會遇到生活中各項活動的「順流」狀態。比方說，當你將某項技能再向上提高一級時，或是當你突破新產品設計的問題時，**當你感覺自己全然專注在一件事上，只為了再更往前推進一點，那就是在「順流」狀態中。**

我可以跟大家分享一個親身經驗，我熱愛寫作，我最愛的部分原因，便是在寫一本書時，我需要高度專注、密集投入與心無旁騖。當我徹底融入工作時，身旁的雜務，都不會讓我分心。然後，我會忽然發現自己已經寫了十頁，雖然只過了一小時，但時間彷彿完全不存在一樣。

在「順流」狀態中，你會發揮天賦與才能，能夠擴大自己的能力。你的生命會充滿目標、創意、希望，你知道自己的工作會讓世界變得更美好，因此感到心滿意足。**在順流狀態中，你會看到自己的生命燦爛盛開。**

盡情體驗生命中的順流

前五項重要的生活狀態：清醒地生活、充滿企圖心、成長與學習、全然投入、堅毅不拔，能讓你知道自己生氣蓬勃。在你以為自己能耐所及，與再往前多推進一步之間，僅有毫釐之差。如果你願意讓自己跨越這個小小的差距，就能讓自己進入「順流」狀態中。

學習如何活在「順流」狀態中，是我在人生中想要獲得更多的體驗。「順流」狀態能讓成就感更深刻、更有意義，也能讓你發揮出自己最好的那一面，並讓你願意挑戰自我，更努力變成理想中的自己。但是，當我第一次聽到活在「順流」狀態中時，我並不知道該如何辦到。

讀到這裡，你已經知道注意力延續時間非常寶貴。你也知道，你允許的那些透過聽、看、觸、嚐、聞等五感方式進入到你生活的東西，對你的生活品質都會造成影響。現在，你可能會問，這麼努力學習成長、全然投入、堅忍度過難關，究竟是為了什麼？答案就是為了活在「順流」狀態中，也就是活在最佳的狀態中，所以你才能感受更多、愛更多、做更多、體驗更多意義。

當你處在「順流」狀態中時，你會體驗到能力與夢想之間的完美平衡。這是一種情緒與肢體都可以感受到的體驗，它會將你推向前，讓你伸展到自己能力的極限，然後再推你一把，讓你衝破那些極限。**當你在做一件自己全心熱愛的事，這件事需要你用盡自己所有能力，但你仍覺得自己充滿能量，這時你就是進入了「順流」狀態。**在這個狀態中，你付出的每股能量，彷彿都立刻轉換成喜悅與成就感。

也許，你會認為躺在沙灘上的吊床上，是進入「順流」狀態的絕佳地點。在浪潮旁休息，不費任何力氣，就這樣享受生活，這聽起來不就像田園生活般恬靜宜人嗎？當然，沙灘上的經驗能讓你盡情享受，但事實上，**多數人是在工作中體驗到「順流」狀態，而非在休憩時。**

研究顯示，把心放空的休息，比較不可能讓你達到「順流」狀態。在這樣的狀態中時，你會覺得不費吹灰之力就能完成工作，因為你享受當下，但正是工作挑戰與你付出的努力，讓這個時刻變成豐碩的收穫。

如同湯姆·漢克斯（Tom Hanks）在電影《紅粉聯盟》（*A League of Their Own*）中飾演的角色吉米·杜剛（Jimmy Dugan）所說的：「因為辛苦付出，這件事才變得這麼棒。」我們希望生活能挑戰我們，激發我們所有的潛能。

掌握八件事，航向順流

米哈里·契克森米哈賴在他的暢銷書《快樂，從心開始》中，列出八項「順流」狀態的構成要素，分別是：

1. 有機會真正達成任務；
2. 專注在所做的事情上；
3. 清楚界定的目標；

4. 即時反饋或結果；
5. 密集努力，來排除恐懼感與日常生活中的沮喪感；
6. 對自我行動的掌控感；
7. 不會只自私地關照自己；
8. 時間感被扭曲，幾小時好像幾分鐘，幾分鐘好像幾小時。

契克森米哈賴說：「這些要素結合起來，創造出很強烈的喜悅感受。這種感受如此棒，讓人覺得只要能感受到這種感覺，花再多精力也值得。」在我初次了解這八項要素後，我就想要知道在日常生活中，我可以怎樣體驗到這種狀態。我希望人生更有意義，我喜歡有意識地體驗生命樂趣、全然活在當下，讓自己帶著感恩之心，享受這些寶貴時刻的美好。

接下來，讓我們逐一檢視契克森米哈賴提出的這八項要素。

1. 有機會真正達成任務

這點可以回溯上一章的「最後一碼線」概念。有多少次你展開一項任務，卻在快要完成時放棄而功虧一簣？當我們體驗到只差一點就能達陣的感受時，我們的情緒也會跟著低落。在預做準備以便進入「順流」狀態時，表示你得承認自己的能力有所極限。你必須安排足夠的時間，找到適當的資源，如能量、金錢等，才能完成任務。

2. 專注在所做的事情上

專心與注意力心手相連，大腦的注意力能力有限，干擾與分心會將你拉開，離「黃金地帶」愈來愈遠。當你能排除生活中的外在干擾與亂七八糟的情感心理問題時，你就能像道雷射光束般聚焦能量與注意力。在這種時刻，你會感受到將力量與技能發揮到淋漓盡致的喜悅。

3. 清楚界定的目標

釐清目標必定得是你在落實七分鐘微行動計畫時，最先要採取的幾個步驟之一。從前面的章節，我們就一直在討論「想、寫、做」的力量。想想看你的目標，請提煉你的思維，將其轉化為清楚、澄澈的影像。勾勒出你的目標，將這些想法，用文字或其他工具記錄下來，然後將你的專注力、時間與注意力全部聚焦在目標上，以期順利達陣。

4. 即時反饋或結果

反饋是學習過程中重要的一部分。你是否曾看過小孩學走路時，眼中散發出的喜悅？父母親慈愛地教導小孩一步步跨出去，並用溫柔的口吻提供反饋，鼓勵他們繼續走，例如：「來爸爸這邊！」、「握緊我的手喔！」、「你辦到了！」等。

立即反饋，是教練理應給運動員、老師給學生、經理給團隊成員的回應。反饋讓我們得以成長，更能掌握手上的任務。它不一定得用言語進行，也不一定要由他人提供。有時候，我們的成績與努力的成果，就會刺激我們，促使我們持續努力、保持專注、徹底活在當下。

5. 密集努力，來排除恐懼感與日常生活中的沮喪感

在任何時間點，人類大腦能夠儲存在有意識思考區的資料量都極為有限。當你有意識地聚焦在完成手頭上的任務時，腦中就沒有餘力得以處理生活中的擔憂與沮喪之事。

想要做更多事的自然欲望，其實會破壞「順流」狀態。契克森米哈賴解釋，我們處理資訊的能力有限，但我們卻覺得有必要在同一時間做好幾件事。某種程度來說，這是可能的。例如，多數人都能邊走路邊說話。但假設要同時進行兩個不同的對話，或是在聆聽別人說話時，卻還得同時專心處理其他費心的任務，如在臉書上留言、讀書或玩數獨遊戲，就算不是不可能，也會成效不佳。

心智上的同步多工，會剝奪我們進入「順流」狀態的機會。契克森米哈賴如此寫道：「光是解讀他人的話語，算是明顯不費力就能自動進行的過程，仍舊會干擾其他需要我們全神貫注的工作。」

「順流」狀態最棒的部分，就是當你高度聚焦面對挑戰時，你的大腦會把隨時可處理的資料量放到最大。你不可能在同一時間具有正面思維，又有負面想法。當你高度專注在一項高價值的任務上時，你不會有多餘的能力，來關注焦慮或其他壓力。

6. 對自我行動的掌控感

覺得自己能掌控時間與行動的感受，是心理健康很重要的層面。能自由利用時間、做自己想做的事，也就是能用跟自己設定的優先要務與價值觀徹底吻合的方式來發揮技能，是一個強而有力的驅動力。

7. 不會只自私地關照自己

當我們體驗生活的方式，是將眼光從自身移向關照他人，並以發揮天賦才能來服務眾人為人生目的時，此時便是許多人最能深刻體會「順流」狀態的時候。

我認識一些參加義診的醫生，他們用具備療癒力量的手，光是一天內照護有需要的病人數目，就已經超過他們一週通常看診的量。儘管工作時間漫長、資源有限，但工作將能量灌注到他們身上，促使他們盡力協助愈多因病所苦的人。在「順流」狀態中，你不會感覺到自我存在，因為你全然投入手中工作。你的注意力如此高度集中，以致沒有任何餘裕有機會感受到平常在心中，針對自我懷疑與焦慮的喃喃自語。

8. 時間感被扭曲，幾小時好像幾分鐘，幾分鐘好像幾小時

關於時間的真相，那就是我們絕對有足夠的時間，來做每一件我們想做的事。當我們處於「順

流」狀態中時，時間彷彿不存在。當我在「順流」狀態中工作時，整個人都沉浸在眼前要因應的挑戰上，有時我都不禁會眨眼納悶，時間到底跑去哪了呢？

你絕對有能力可以經常體驗到「順流」的心理狀態。你愈了解「順流」狀態是怎麼一回事，就愈能分辨生活中哪些事能提供你機會，體驗這種狀態的深度與豐富性。既然各位已經清楚「順流」狀態的八個要素，該是你選擇為自己創造這些機會、讓人生變得更豐富的時候了！

是否進球，在跨越邊線時就知道了

當史蒂夫．寇克斯（Steve Cox）八歲大時，他懷抱著這樣的夢想：他想要成為美國國家美式足球聯盟（National Football League，NFL）的球員。在下班後的夜晚，父親跟他都會走去高中球場練習。

寇克斯回憶：「我們有三顆球，還有很多時間。我們會站在離達陣區還有三十碼距離的地方，我父親會假裝搶到球，用手指緊握住球，讓我來踢。球門位在小學操場邊緣，當球飛越球門時，會一路滾下有六、七十碼遠的山坡地，落到停車場上。我記得最清楚的不是用力踢球，而是我們走路時的對話，我們邊走邊講。我父親給我的是時間，他將他的下午、他的每一週、他的每個月，都給了我。他將注意力放在我身上，不光是每個小時，甚至是每分鐘、每秒鐘。」

寇克斯在家鄉阿肯色州查爾斯頓（Charleston, Arkansas）開始的練習之路，讓他一路踏上參加超級盃（Super Bowl）的旅途。他說：「我的生命簡直是個奇蹟！我喜歡告訴小朋友：『偉大的一切，都是從小開始的。』我很渺小，但我有偉大的夢想。」

打場他熱愛球賽的喜悅，推動了寇克斯的夢想。他父親貢獻自己的生活，給了他滿滿的愛，加上在十一歲那年，他見到NFL球員湯姆・丹普西（Tom Dempsey），讓這個具備高度可塑性的小男孩夢想起飛。丹普西生來右腳就沒有腳趾、右手也沒有手指，卻是紐奧良聖徒隊（New Orleans Saints）的球員。他仍保持踢最長距離得分的紀錄——一次踢了六十三碼遠。寇克斯回憶道：「我就是想像他一樣。」

經過多年努力投入練習，寇克斯鍛鍊出強壯的腿力，在NFL中佔了一席之地。「上帝給了我一雙腿，我能用這雙腿跑出每小時一百哩的速度，這是我與眾不同之處。」一九八一年，克里夫蘭布朗隊（Cleveland Browns）徵召了寇克斯，四個球季後，他被交易到華盛頓紅人隊（Washington Redskins）。

寇克斯說：「在NFL中，我扮演過三種角色。我曾是棄踢員、踢球員，也曾上場負責踢長距離射門球。」一九八八年，華盛頓紅人隊打進了超級盃，當年寇克斯三十歲。當時，他已經精通該如何在「順流」狀態中打球。「每天，你都必須表現傑出，但隨著比賽日期漸漸接近，你得將自己的表現提升到完全不同的層次。打職業美式足球賽很大一個收穫，就是得以進入『黃金地帶』。有時候，我們整個團隊就是齊心合力，打進另一個全然不同的層次。沒有什麼能跟這個比的了！」

但是也有時候，全隊都靠寇克斯一人獨撐大局。每次他上場，都是一個「不是此時，就再也沒機會」的時刻。寇克斯解釋，進入「順流」狀態，就是「在心中跨越白色邊線」的心理狀態：「這不是說要跨過碼標線去踢球，而是從一跨過球場邊線，就開始了！**從你跨過那條白線開始，你得在心中告訴自己，你已經踢出那一球。就在你一跨過邊線時，這一刻就決定了球會踢進或錯失目標。」**

寇克斯不必去思考如何進入「順流」狀態，當他瞄準目標，準備射門球或棄踢時，他只有一・一到一・三秒的反應時間。球場中上萬人大聲吶喊，數百萬觀眾守在電視前看全國轉播，緊盯著球賽轉播的每一刻——那一・三秒的時間。寇克斯這麼描述那些緊張的時刻：「我全神貫注於當下，沒想任何事。我沒有聽見群眾喧譁，也不怕對方防守的威脅。我感受了完整的隧道幻覺，在那個當下，我只是感到一整片的平靜祥和。」

除了打進第十二屆超級盃這件令人興奮的大事，他職業生涯的另一高潮，則是在一九八四年一場跟辛辛那提球隊對打的球賽中，踢出了一記六十碼的射門得分球。當教練揮手叫他上場時，寇克斯興奮不已，心跳加速。他說：「我知道時候到了！當我踏出跨越白線的那一步，我知道該做的就是這樣而已。我一直夢想此刻降臨，在練習場上，我已經有上百次六十碼成功射門得分的紀錄，在我心中更是踢了上千次的六十碼射門球。當我跨過那條白線時，我就走進了『黃金地帶』。」

當球懸在空中，時間彷彿一秒、一秒地用慢動作前進。但是，寇克斯說：「我對這一踢的結果，早已胸有成竹有把握。在我跨過那條白線時，我就已經決定了要這樣做。」那天，處在「順流」狀態中的寇克斯，成為NFL史上第二位六十碼成功射門得分的球員。直到今日，也只有七個人締造了這樣的紀錄。

當你面臨的挑戰不過僅比你能力所及高出一點點時，這就是「順流」狀態會發生的時刻。這些狀態會不斷呼喚你，要你在生活中發揮更多潛力。寇克斯在還不太會走路時，就在家裡後院踢球，開始了他的球場生涯。從青少年到成人歲月，他幾乎每天都花上二到八小時練習他熱愛的運動，將自己的球技鍛鍊到完美。他踢球的次數，就算沒有數十萬次，至少也有數萬次。

想要活在「順流」狀態中，得付出一般人不太願意付出的代價，必須不斷練習、學習、努力付出。它需要的是，在看到眼前的新挑戰時，會大聲地說：「放馬過來吧！」

順流而下，擊倒巨人

「順流」狀態鮮少意外出現，上列圖表說明當我們善用能力來因應挑戰時，挑戰會如何轉化為「順流」狀態。

如果挑戰比你的能力還強，你會體驗到一種刺激感，也就是契克森米哈賴所說的「情緒興奮」，這會驅使你將自己的能力伸展到最極限為止。例如，當跑者第一次跑完一萬公里、畫家在畫架上攤開一張空白油畫布，或是大學新鮮人上第一堂課時，都會有這種感受。這個時刻，就是寇克

找到「順流」狀態

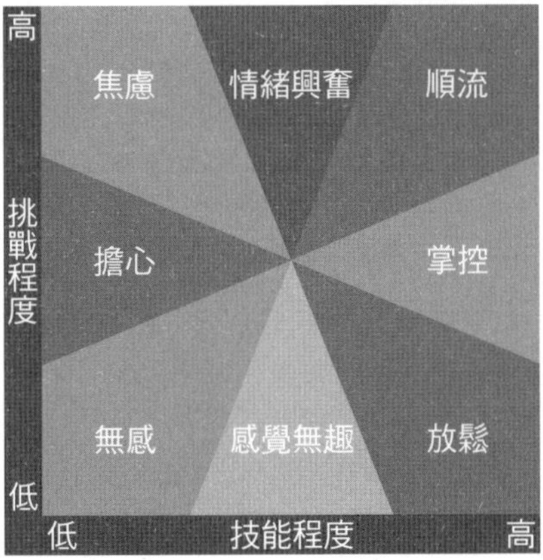

圖表出處：米哈里・契克森米哈賴，《生命的心流》

斯所形容的「跨越那條白線」的時刻：你頸後的寒毛都會豎起，呼吸變得很輕，一股刺激感會流過你的身體。

如果挑戰太難，而你的能力太弱，你會因此感到焦慮不安。一個常見的例子，就是當你沒有充分準備時，就走進會議室做簡報。在這種情境中，你會覺得一切失控，被壓力壓得喘不過氣來。

這張圖的另一端顯示的是，當你能力很強而挑戰難度一般時，你會覺得一切都在自己的掌控當中。然而，如果你經歷了太多這樣的體驗，而挑戰難度仍舊很低時，你就會感覺無趣。

根據契克森米哈賴，最糟的狀況是，你每天面對的挑戰一點都不難，但你的能力也很差。這時，你會覺得自己跟生活脫節，你根本就不會在意一切。日復一日、月復一月、年復一年，你過著無感的生活，這就是我所謂的活得毫無知覺的生活。日常生活從你身旁流逝而過，既不好也不壞，既不冷也不熱——這不是生活，這是折磨。

你有能力為自己的生活創造出最佳經驗值，而且只有你才能為自己決定，什麼是最佳經驗值。你必須釐清對自己最重要的事，如果你目的清楚地朝最佳經驗值前進，你會發現起身對抗挑戰、克服障礙，即便是最小的障礙，都會令你快樂不已。你的生活將不只是日復一日的單調存在，而是為了真正對你重要的事勇於冒險，並接受相對應的獎勵。

僅僅是又過了一天的生活，鮮少能激勵我們去征服巨人。但是，為了實現心中的想望，你應當願意向前衝、武裝好自己，意志堅決地去爭取勝利。當你為了對自己真正重要的事物而戰時，你可以期待體內會激發出大量的腎上腺素與喜悅。相信自己必能獲勝的信心，是成功不可或缺的要素之一。

你的表現，反映出你的自信

藍天使（Blue Angel）卸任飛行員約翰・佛列（John Foley）曾說：「**身為人類，我們的表現反映出的，不是自己的最佳水準，而是自己的信心程度。**」只有最優秀的精英，才可能被選上擔任藍天使飛行員。他們必須是全美所有海軍飛行員中，最頂尖一％的前一百名，可說是萬中選一，而佛列就是其中一員。在第一次藍天使訓練課程中，他被賦予的任務是要急速提升自己的能力水平；他得在三個月內，將表現水準提升三〇〇％。但是，在他的表現能有任何改變之前，他知道必須先將自己的信心程度提升三〇〇%。

他必須在小小的飛行員座艙中，將飛機飛出每小時五百哩的速度。他必須抵抗比地心引力還強七倍的離心力，這麼強大的力道，遠遠超越讓人類在幾秒鐘內喪失意識所需的力量。佛列接受了許多小時的體能訓練，噴射機上的「操縱桿」會產生四十磅的壓力，不斷擠壓他的雙手。

在我們當中，有多少人目前的能力與技術，跟十年前是差不多的呢？現在，該是畫出界線的時候了！該是時候提升挑戰難度了。為了因應這些挑戰，你有必要增強自己的能力與心態。

當我在聆聽佛列演說時，邊看著以《捍衛戰士》（*Top Gun*）主題曲為背景音樂的影片——沒錯！佛列就是在這部電影出現的真正飛官之一！我很想站起來大聲說：「我想在三個月內，將自己的表現水準提升三〇〇%！我想成為我們這行中，最頂尖一%的前一百名！我想要擁有此生最棒的身材，我想相信自己能夠與眾不同！」佛列是我聽過最棒的演說者之一，為什麼？因為他協助我看到，什麼是最佳生活。

今天，就是你決定最佳經驗值該是如何的日子；今天，就是你決定提升自信程度的日子。現在就是時候——為什麼不是現在呢？你需要用什麼不同的方式，才能改善自己的表現呢？你需要培養怎樣的專注力？你可以怎樣調整行事曆，騰出時間來擁抱這個全新的刺激生活呢？你需要將身體健康調整到怎樣的狀態，才能賦予自己能量，來支持這種人生呢？

正如同心臟的設計，是為了將適量血液傳送到身體各處，生活也願意提供你具體所需的技能

——你對人生有何企求呢？

幫你的大腦進入順流狀態

即便你熱愛自己的工作，但不是所有活動，都會讓你進入「順流」狀態。有時候，一般或較無意義的工作，還是有必要的，如整理辦公室等的。但一旦進入最佳的專注狀態時，這種時刻比較不會像是苦差事。

《注意力曲線》（*Find Your Focus Zone*）作者，同時也是心理學家的露西・喬・帕拉迪諾（Lucy Jo Palladino）表示，當我們得完成這類工作時，讓自己先準備好，可能會有幫助。例如，她列出了在做這種家事時的音樂播放清單，她選的音樂沒什麼歌詞，但絕對有鼓聲，讓這種原本很無趣的工作，充滿一種能量與冒險的感覺。她將比較大的活動，拆成比較小的部分，以便改善自己的專注度。

我們在大半輩子中，都得將很多時間與注意力，花在這類型的工作上。但是因為注意力維持的時間有限，我們往往發現自己不斷重複開始、停止、再開始，浪費許多寶貴的時間。善用能促進「順流」狀態發生的工具，如音樂或提高注意力等，你肯定能在更短的時間內，更有效率且更容易解決許多俗務。當你完成這些工作，即便只是最微不足道的任務，都會讓你覺得自己更棒。

帕拉迪諾表示：「每次你完成一項任務，不論多麼微不足道，你的大腦都會釋放出多巴胺。沒有什麼能像成功一樣，可以製造這種效果。」多巴胺是種化學物質，掌管了大腦的獎賞系統。當你完成某件工作，在行事曆上打叉畫掉時，不僅讓人感覺很棒，也對你大有好處。當你擬定每天的工作計劃，全神貫注在完成高價值活動上，大腦得到的獎賞，就是人類能夠體驗到威力最大、最正面的化學物質——多巴胺，這是負責讓你進入「順流」狀態的化學物質之一。

當你在日常生活中，善用「十一點前五件事清單」的概念，這將會變成你體驗過最強大的神經連結之一。你會想要尋找成就感，會愈來愈有強烈的企圖心，將有限的注意力資源，集中在完成最重要的任務上。不幸的是，這一連串的啟動，卻可能讓你很快從正面企圖心的感覺，變成衝刺過頭。這種衝過頭的感覺，乃是由體內出現過多去甲腎上腺素（norepinephrine）所引發的化學作用。

「順流」狀態應當是種愉悅，並非壓力過度的競爭狀態。但是，去甲腎上腺素的化學成分，僅跟多巴胺差了一、兩個原子而已。我們大腦中的化學物質，就跟一碗湯差不多：若是體內充滿了過多的去甲腎上腺素，你就會感受到壓力；要是多巴胺太少，你就會陷入無感狀態；而「順流」狀態，就是這兩者在完美時間點的完美結合。當你從事某項工作，從純粹為了這項工作本身的樂趣，進入較為競爭的模式，你的大腦可能會釋放出過多的去甲腎上腺素，讓你因此脫離「順流」狀態。

帕拉迪諾解釋：「想法會引發感覺，感覺也會引發想法。當你體驗到想法與感覺這個認知過程時，你的認知功能會發送出化學物質，而剛好就是在這一刻，化學物質也會引發認知。兩者其實是相輔相成、互相影響的。」當你感到安全，或者想到幸福時，體內會分泌出血清素（serotonin）這種化學物質，感受到更強烈的幸福感。

成功招致成功。當你成功時，你的大腦會釋放出多巴胺；當多巴胺被體內接收端吸收後，你會感到旺盛的企圖心，直到過度刺激到了一定程度，產生太多的去甲腎上腺素，然後你會感到恐懼或喘不過氣來，而這將會徹底封閉你的企圖心。去甲腎上腺素是在大腦最基本的神經層次運作，對人類生存而言，這是最重要的化學物質之一。當你看見一條蛇時，便是這種腎上腺素的突然激增讓你嚇到。不幸的是，當我們工作過量或感覺生活壓力沉重時，我們也會感受到同樣的神經反應。

帕拉迪諾用一個很棒的比喻來加以說明：我們可以將這些化學物質，想像成是生命中的油門與煞車；多巴胺與去甲腎上腺素是油門，血清素是煞車。去甲腎上腺素驅動我們設法生存，多巴胺則激勵我們設法成長、茁壯。至於血清素，則提醒我們把腳步放慢，協助我們認識生命的價值，讓我們足夠放鬆來享受生命。

這些化學物質每天每刻都在發揮作用，它們就像是鐵軌上的換軌開關。如果你太過鬆散，體內就會釋放出一點去甲腎上腺素的刺激，讓你重回心智澄清與注意力專注的狀態。當你完成一項所愛工作的時候，大腦會釋放出一點多巴胺，這個獎勵性的化學物質，等於是拍拍你的背，肯定你言出必行、說到做到，鼓勵你繼續工作。你的身體會渴求另一劑多巴胺，然後放慢腳步的時候到了！血清素被釋放出來，你感受到一股意義與成就感。在這樣的時刻中，你知道你的生命有意義，你體悟到自己的人生目的。

然後，你會想起專案的結案日，就像喝了兩杯咖啡一樣，由於去甲腎上腺素的釋放，你的體內會充滿了腎上腺素，接著你就回到日常生活的各種工作中。光是想到結案日快到，你的心跳就會開始跳得更快一點、呼吸變得更急促一些，然後你會回到澄清心智中。多巴胺再度被釋放出來，注意力聚焦、刺激興奮感與人生目的，彼此又再度完美結合。

重要的一點是，我們必須注意，去甲腎上腺素同時是我們的朋友，也是敵人。從盤古時代開始，去甲腎上腺素就攸關人類的生存，時時刻刻刺激我們的注意力，以提防潛伏的危險。然而到今日，這個以腎上腺素為底的壓力化學物質，卻往往太常爆發，不受控制。當我們過度興奮或受到過度刺激時，我們感到壓力沉重、焦慮不安，變得無法集中注意力，即使是最簡單的工作，也無法完成。每件事似乎變得十萬火急，我們卻無法前進。

但是當劑量不多時，去甲腎上腺素卻可以是威力強大的必備工具，可以喚醒我們的意識，好好地經營每一天。當我們失焦、迷途時，去甲腎上腺素就能喚醒我們，讓我們回到正軌上。

進入黃金地帶

你是否能成功地從現在的所在地，抵達理想中的目的地？**如果現在的工作並不適合你，或是跟你的人生目的並不一致，就算你再努力或更有效率地工作，也不會讓你感到滿意。**如果你把自己放對位置，那麼你會知道「順流」狀態的感受，不論你是業務員、頂尖運動員、家庭主婦、老師或藝術家都一樣。當你能夠全心投入所愛之事，當你能將時間集中在生命真正的熱情上時，這些活動的本身，就成了最有意義的收穫。

我愈了解何謂活在「順流」狀態中，就愈理解在我目前的工作中，我每天都體驗到這種最佳狀態。與其靠運氣或意外收穫來創造「順流」狀態，倒不如挪出時間來思考，哪些具體行動能讓你努力前進。有兩位偉大的美國思想家，都曾談過這樣的概念。福特認為：「思考是最困難的工作，也許正是因為如此，很少人願意做這份工作。」林肯總統（Abraham Lincoln）則提倡，將更多時間花在自我準備上，讓自己的驅動力跟努力得到更佳成效。他用一個比喻來說明：在砍樹時，**一把銳利的斧頭，比純粹臂力來得更為有用。釐清你的價值觀，了解你生命中孰輕孰重，給自己時間，為成功做好準備。**

當你試圖將自己最棒的一面發揮出來時，請自問：「哪些東西招喚我創造出有意義的人生？」這個問題，將帶我們來到最後一個良好的生活狀態：有信仰的人生。

Chapter

10

你有信仰嗎？

——唯有信仰能將生命與最重要的一切串聯

這項良好的生活狀態，可能跟前面討論過的幾項有所不同。當你看到這個關於信仰的章節時，可能會感到有些驚訝。表面上看來，七分鐘微行動計畫看似講的全是目標設定、生產力與時間管理，但是就深層來看，它其實是有關如何實現生命意義。

對許多人來說，信仰是安頓有意義人生的一股力量。本章的目的，在於幫助大家更深入了解，到底你對什麼有所信仰，以及跟你認為真實的東西連結起來，如何能讓你的生命更有意義。我們選擇的信仰，對生命造成重大影響。

我們曾對五百九十二人，進行關於幸福與意義的調查。在「人生中，哪個面向對你最有意義？」這個問題上，同樣的答案重複出現。受訪者壓倒性地指出，他們最珍視的優先要務如下列排序：家庭、愛、朋友、信仰，以及對他人的生活帶來改變。

我們抽樣來看一下，在「人生中，哪個面向對你最有意義？」這個問題，受訪者所提供的答案。

家庭關係。

實現上帝的旨意。

與上帝及信仰社群的關係。

家庭、信仰與朋友。

在你的人生中，哪些面向最有意義？

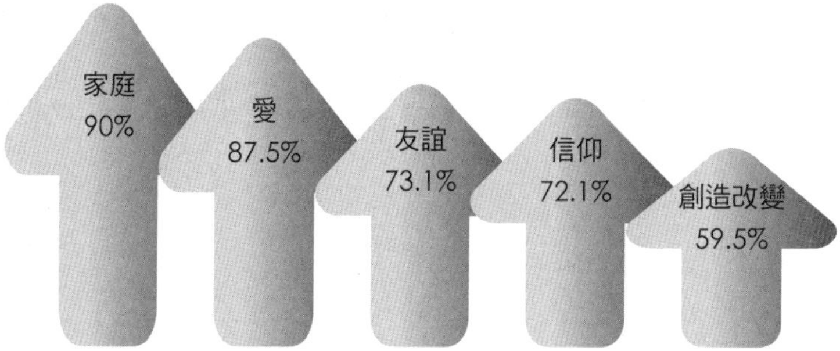

2011年，我們進行一項線上民調，在592名受訪者中，這5項價值最重要。有72.1%的受訪者表示，信仰是他們在生命中最重視的前五大事情之一。

家庭、幫助他人變得更好。

我的信仰、我的關係、我的朋友與工作。

健康、子女。

我對上帝的信仰最重要，一切皆是祂的旨意。我愛家人與朋友，還特別愛大聲歡笑，因為這有助於治癒靈魂。

上帝、我的丈夫、我的小孩、我的家庭。

對他人的生命造成影響。

子女、孫子與信仰。鼓舞他人、實現我全部的潛能、愛人且被愛。

與他人的關係、創造改變。

我的小孩跟孫子。

我跟上帝以及跟子女的關係。

信仰、家庭。

家庭、上帝。確認上帝創造我的用意，並發揮才能讓他人受益。

小孩、家庭、朋友、工作。

信仰、健康、愛、家庭與朋友。

我家人的愛。

跟家人共同編織的回憶，以及共享的時刻。

被人關愛，也能關愛他人。

家庭、愛、友誼、成長、分享我的天賦。

大家的答案如此前後一致，我並不是很意外。我四十一歲那年的狀況震醒了我，讓我意識到自己的生命中缺乏我所渴求的意義。那時我很快就理解，我無法在自我發展與個人成長的活動中，找到我所要的那些「更多」的東西。那些「更多」並非、也不可能，只是關乎我自己而已。**生命中最有意義的面向，都比我們自己還要重要、偉大，而信仰就是將我們跟最重要一切串聯起來的那條線。**

信仰的類型

辛西亞・克賽（Cynthia Kersey）在她的著作《勇者無敵》（*Unstoppable*）中，訪問了約翰・麥斯威爾（John Maxwell）關於信仰的問題，下列就是他的回答：

信仰就是願意相信上帝、相信自己、相信人們。……信仰上帝能夠成就不可能的事，超越人類的力量、能力與聰慧。信仰自己……相信自己，願意在自己身上下注。這將會讓你做出原先不願意做的事，讓你願意冒險，對外跨出那一步。……信仰也包括相信他人。你為何願意冒險？你為何願意做那無法想像的事？因為你相信人們有能力為他人的生活帶來改變。你相信他人。你對他們有信心。

——www.johnmaxwellteam.com/faith

信仰是種深植於心的信念，在無形中，將我們的生命之錨交到上帝手中、交給身邊的人，甚至是交給我們自己。這不是一個有明確證據的理性產品，《聖經．新約》如此描述：「信就是所望之事的實底，是未見之事的確據。」（〈希伯來書〉第十一章第一節）

信仰是創造有意義生命的基本要素，因為這是信念的基礎，讓你持續走在正道上不會迷路——不論是在怎樣的環境下。信仰是座橋梁，讓我們相信自己的存在，是為了服務某個特定目的。信仰讓我們在更高層次上擁抱生命，讓我們相信無法看見或未能充分了解的事。這種內在特質，讓我們得以堅毅不拔。信仰賦予我們力量、做出決斷行動，讓我們的視線能超越今日的審判、痛苦與忙碌，所以我們得以看見充滿意義的人生。知道生命可以更圓滿，相信自己、相信他人、相信上帝，就是這些讓意義與無益、希望與無望、信心與恐懼、行動與投降變得有所不同。

在我思索麥斯威爾對信仰的定義，以及他對相信上帝、自己與他人的觀念後，我想要更深入、全面探索每種信仰，還有我們可以如何向彼此學習。

▼對上帝的信仰

在《聖經・舊約》中，摩西在野火燃原的荊棘中見到上帝。

耶和華的使者從荊棘裡的火焰中，向摩西顯現。摩西看到荊棘被火燒著，卻沒有燒毀。
摩西說：我要過去看這大異象，這荊棘為何沒有燒壞呢？
耶和華見他過去要看，就從荊棘裡呼叫說：「摩西！摩西！」
摩西說：「我在這裡。」

——〈出埃及記〉（*Exodus*）第三章第二到四節

在那次的會面中，摩西被賦予一項任務與目的。他獲得神的召喚，扛起帶領以色列人這個部落，逃離埃及人的奴役。以理性來看，這項任務一點都不合理。他們要去哪？一旦脫離奴役後，他們要如何生存？有了自由後，他們要怎麼辦？他們歷經了四十年的掙扎，卻對摩西信任不移，摩西才終於完全了解這些問題的答案。但是，儘管面對看似無法克服的厄運，摩西的信仰卻增強了他持續向前走的意願。

好消息是，上帝已經來到我們身邊。上帝知道我們的名字，祂讓自己顯像。我們在哪裡，上帝就在那裡跟我們會面。如果我們帶著信仰生活，我們的回應就應該跟摩西的一樣簡單：「我在這裡。」信仰向我們保證，只要我們如此說，上帝就會持續跟我們會面，提供我們所需一切。

有句古老諺語是這麼說的：「上帝不會呼喚有能力之人，上帝賦予被呼喚者能力。」有信仰的人持續向前進，因為他們知道上帝將會賦予他們能力來完成人生目的。

▼對自己有信心

你能否想像將一個五歲大的小孩，單獨放在家中連續兩週的情形？這個想法也許會讓你嚇一跳，但這正是發生在我朋友西恩・菲利浦（Sean Phillips）身上的事。他那曾經結過八次婚的老爸，在他還是小男孩時，就將他一人留在家中，並要他負起照顧嬰兒弟弟的責任。

毫不意外地，西恩在學校的表現不好。他平均成績僅在及格邊緣，他高三那年考試不及格，因此提早一年離校從軍去。在離開軍隊後，他最後成了地方警局的警官，負責掃蕩毒品與犯罪。

西恩非常需要接受挑戰，他總是將自己的體能推到極限。不光在工作上如此，他還參加佛羅里達州巴拿馬市（Panama City, Florida）的鐵人三項比賽，包含了二·四哩的游泳、一一二哩的單車競賽，最後是二六·二哩的跑步。二〇〇〇年，在他三十四歲的那年，西恩以十四小時又五十八分跑完全程。

西恩也在心中自我敦促，就是我所謂自我教育的人。他下定決心要成為財務顧問，他得到全美一家大型財務服務公司面試的機會，並通過第一關的篩選。就在他跟這家公司進行最後一輪面試兩天前，他完成巴拿馬市的鐵人三項比賽。當他跟面試經理說自己剛完成鐵人競賽後，他當場就拿到了這份工作，即便他沒有大學學位。多年以來，他仍舊敦促自己持續學習、成長，也因此不斷獲得升遷。今日，西恩旗下管理的團隊有兩百人，他以自己的企圖心與驅動力，協助他人發揮自己最好的一面。

當我跟西恩在最近一次七分鐘微行動計畫的訓練工作坊碰面時，他告訴我，那天他學到的原則讓他感到很意外。西恩表示：「多數這種企業訓練工作坊，都僅著眼在工作上。但是妳讓我們後退一步，將注意力集中在我們的生命上。我沒想到會這樣，我沒想到會議室中會情緒滿點。我並未期待自己的感觸會如此深刻，也未期待這會如此私密，觸及的都是對我很重要的事。」

西恩在人生中，經歷過許多風雨。從一個被冷落的小孩、想在軍中服役的青少年，到迎接挑戰開創新職場生涯的年輕人，再到協助他人成就自己的領袖人物。他深刻了解，你能得到你所專注聚焦的東西，而確定自己的人生目的，就是克服生理、心理與情感挑戰的關鍵。

二〇一一年十一月，西恩再度完成巴拿馬市鐵人競賽，但是他知道這次將有所不同。他說：「並不是比賽規則改變了！令人驚喜的地方，是我在過去十一年來所獲得的深入洞見。」他跟我分享了三個洞見：「首先，與你看待世界或生活環境的方式無關；你應該對生命負起責任，專注在你能控制的事物上。其次，你每天問自己什麼問題？當你問了不對的問題，你得到的就是錯誤的答案。你應該問的是：『我該做些什麼，才能對我的小孩、同事與公司帶來更多價值？』、『我今天能做什麼，讓自己變得更好？』、『在人生中，我最重視的是什麼？』，這些都是我們應該每天自問的問題。」

最後，西恩提出一項宣言：「對於如何才能感到快樂，不要預設太多規則。如果規則可以很簡單，那麼要讓自己感到快樂，只要每天早上醒來大口呼吸就有可能。」

「從一個被單獨留在家中的小孩到一個大人，我生存下來了！而且活得很好。」西恩．菲利浦對自己有信心。

▼對他人有信心

愛絲特．希爾佛．派克（Esther Silver-Parker）的故事，證明了當他人對你有信心時，奇蹟便能發生。派克在北卡羅萊納州（North Carolina）東北部遍布煙草田與棉花田的貧窮地區長大，家中共有七個小孩。她的父母非常相信教育的重要性，於是不斷告訴她：「認真念書，認真工作。有人會注意到妳，妳就可以拿到獎學金。」她說：「所以，我很努力念書。」

派克進入一所傳統只有黑人去念的小型大學念書。「我有衣服，我們的衣服總是別人給的，但我沒有可以打包衣服的行李箱。」這時，社區中那些「前廊媽媽」們介入幫忙。她們之所以有這個外號，是因為她們總是坐在屋子前廊，看著人來人往。她們湊在一起，買了行李箱給她。

派克說：「那是藍色的新秀麗（Samsonite）行李箱。我還記得很清楚，就像是昨天才發生的事一樣。那只行李箱，象徵了這些女士對我未來的信心與希望。這些女士跟我家裡一樣窮，但總是三不五時就給我一塊、兩塊。我知道，這對她們來說都是犧牲，這些錢對我都是非常珍貴的禮物。」

派克周遭都是相信她的人。「我大學的一位老師法里森太太，有天將我拉到一旁對我說：『我不准妳只是投入大學的社交活動而已。妳這麼傑出，不能只有這樣而已。妳最好專心念書，如果妳不這麼做，我會想辦法讓妳搬出宿舍，搬到我家來！』在我的一生中，就是有這些奇妙的例子。有其他人會注意到我，幫助我達到成功。如果我不做些什麼，來慶祝他們在我身上的投資，我就不是人了！」

派克持續她的學業，最後從哥倫比亞大學新聞學院畢業。她曾在《本質》（*Essence*）雜誌擔任記者，然後在美國電話電報公司（AT&T）工作了二十八年，負責企業社會責任與公共事務。最後，她在 AT&T 基金會執行長的位置，結束了在 AT&T 的生涯。

二〇〇三年，她加入沃爾瑪（Wal-Mart），投身多元化業務的領域。二〇一〇年，六十三歲的她，以沃爾瑪企業事務資深副總經理的身分退休。退休後，她目前是希爾佛・派克集團（Silver-Parker Group）的總經理暨執行長。這家品牌策略公司，將二五％的利潤捐出，用以協助他人。派克在全球跑透透，教導女性如何創業與經營管理。被她輔導的女性，利用她教的原則來改善自己生活，以及社區中其他人的生活。

在數百個成功的案例中，派克舉出一個例子，那是一位她曾輔導過的盧安達女性農民。她在參加領袖訓練計劃後，忽然靈光一現，有了點子。在她農場上工作的其他女性，生產力未能滿足需求，所以她問自己：「我能如何改善狀況？」派克以洞察力看到問題的癥結點，協助這位女農民將土地分給其他女性，改採合作社的方式工作。身為地主，這些人的心態整個改變，對社區所有女性都帶來正面影響。一個人，也能造成難以置信的改變。

派克說：「藍色行李箱的圖像，一直停留在我的心中。因為這是仁慈的象徵，這是向上提升的象徵，也是回饋的象徵，更是愛與關懷的象徵。事實上，這些女性對我有如此大的信心，讓我也想要對他人有信心，讓我的人生有了目的。」其他人對愛絲特・希爾佛・派克有信心，因此造成決定性的差異。

你也可以對他人有信心，因此帶來改變。對上帝有信心、對自己有信心、對他人有信心，生命中的一切，皆由信仰串聯起。

你此生所為何來？

在前言中，我提到我的牧師丹・瑞夫斯對我們提出挑戰，要我們思考對人生有何企求。他還提出了另一個問題，也有助於我們思考人生：「我現在的狀況怎樣？」，以及「什麼能讓我的人生更有意義？」

丹表示：「要知道榔頭為何有價值，就得先了解它被創造出來的原因。設計背後的原因，指出了它的意義。當你在釘釘子時，榔頭是個很有價值的工具，但若不是在這個適當的情境中，它就一點意義也沒有。身為人類，你是否知道自己被創造出來的理由？」

為了讓人生過得更有意義，我相信你必須知道自己為何來到這個世上——**你是否清楚知道自己為何而來呢？**對大多數的人來說，全然投入、發掘人生的意義，這項探索有可能會超越肉體本身。我們就是想要更多，在古往今來的歷史上，人類總是不斷追尋意義。

我設計了七分鐘微行動計畫工具，因為我的生活混亂、跟生命意義斷線。我沒有落實自己的價值觀，也不確定自己的人生目的，同時感到分心、煩雜，沒有成就感。利用書裡的小工具，最明顯的效果之一，便是讓我重新跟最重要的事物連線。我們該如何確定自己走在正確的道路上，設定的目標也是正確的呢？這便是需要信仰的地方。

一天只有那麼多小時可以用，每個人都得各自選擇如何利用這些寶貴時間。當我的生活愈井然有序，我愈能專注用效率最高的方式來完成特定任務時，我就會擁有更多時間，可以用來發掘上帝的良善，同時愛我的家人，並享受認識自己的圓滿。請你暫停一下，想想前述這幾句的涵義。**你如何管理自己生活的方式，將決定你體驗到怎樣的人生。**

到了這一章，我們已經在本書討論過很多東西，而帶著信仰生活這個良好的生活狀態，是貫穿前述幾項生活狀態的連結線。我們時常誤解的是：給自己更多時間與自由來思考、發掘更多生命意義，為何竟然看似如此困難？在這裡，我想提出另一個神經學概念：我相信，如果你沒有充分善用大腦左右兩側，生命就比較沒意義。左右腦的功能完全不同，一般認為理性思維來自左腦，而我們花了很多時間，討論如何利用七分鐘微行動計畫的工具與系統，來讓左腦運作更有效率。

在最後這一章中，我希望你能想想，**無論你在處理事情時變得多麼有效率，但如果你的人生沒有意義，這樣你又能得到什麼？**

我們不是在提升速度中找到意義，而是要放慢腳步，才能找到意義。右腦踏著穩健步伐開拓生命，它以大筆揮灑來體驗生命，總是想要看到更完整的意義。右腦更為感官導向，它讓你用五感體驗生活，讓你聞到甜點的香味、聽到激勵靈魂的音樂，或是看到周遭世界的美麗；右腦會將你相信生命中最真實的一切串聯起來。

在日常生活中，試著平衡你的左右腦

我之所以如此迷失在毫無意識的狀態中，部分原因就是多年來——甚至可說是大部分的成人生活，我都只是陷入生活管理中，卻未好好體驗生活。我活著，做需要做的事，我的動力強得驚人，但我並未「現身」在自己的生命中。就像第一個生活狀態討論的那樣，我活得渾渾噩噩、毫無意識，生命就這樣從我身邊流逝。

這好像是你如此專注發展大腦的一邊——左腦，所以可能沒意識到強化右腦的重要性。下列這些段落，將會讓你立刻感到心有戚戚焉。

人類大腦分成兩個獨特的區塊：左腦與右腦。從體積與包含的神經元數量來看，兩者幾乎一樣。左腦控制身體右邊，右腦控制身體左邊。這就是為何當我們某側大腦中風時，反而是身體另外一側會嚴重受損。兩側大腦都有驚人的神經迴路，有上千億個完美的連結，等候你的指令。然而，左右腦詮釋與傳遞資訊的方式，卻截然不同。

左腦發達的我，可是有很多同伴。大部分的人都是左腦比較發達，右撇子居多這件事足以為證——約九成的人是右撇子。但是右撇子居多，並不必然表示左腦會佔據主導優勢。哈佛大學腦神經科學家吉兒・泰勒博士（Jill Bolte Taylor）指出：「大腦的哪一側會主導，得看哪一側有能力創造並了解語言。」

研究顯示，從語言中心在大腦的位置來看，九六％的人左腦比較發達。左腦是邏輯的、線性的、連續性的、組織良好的、有批評能力的、能下判斷的、講求方法的與架構清楚的。對大多數的人來說，左腦是語言能力的中心。世界上九六％的人，非常重視這些左腦控制的人格特質與偏好。

九六％的人在讀本書時，會相信為了成功，我們必須選擇用邏輯、線性與連續性的方式來思考。你會相信組織良好、每個專案的細節都能詳細規劃，才是好的。你尋找生活的架構，因為架構讓你感到熟悉，常規慣例讓你感到安逸、舒服。

不幸的是，就算左腦運作良好，但再好也不過就像自動導航一樣。如果你還記得先前提到的認知模式，你應該還記得，當我們允許生活全部靠潛意識想法來主導時，生命就會變得平淡、毫無挑戰。

右腦跟左腦完全相反，右腦是藝術的、流動的、情感的、活躍的、直覺的、活在當下的。右腦看到的是宏觀視野，體驗到的是生活五感。右腦是冒險且充滿想象力的，右腦創意十足、充滿點子、能量無窮、滿懷希望，並期待新事物發生。右腦活力充沛，幾乎像是個沒被限制住的小孩，滿懷崇高理想與遠大夢想。它不斷在尋找連結，渴求能參與人生。

人生多數時間，這個世界都在評斷你，或至少依據左腦的能力，你會感到全世界都在對你品頭論足。截至目前為止，工作的報酬，都是根據你提升生產力、效率與時間管理的能力而定，至於是否活出生命意義並不重要。左腦能讓我們準時在預算內完成工作，它像個龐大的專案管理機制：規劃與執行、規劃與執行，然後還是規劃與執行。

左腦仔細審視還有哪些細節應該處理，快速回溯過去你曾經如何用最有效率的方式來完成類似工作。左腦不會想確認沿用過去的成功模式，來處理眼前工作是不是最好的方法；相反地，它喜歡從過去生活經驗與做過的案子中，尋找類似的模式與框架，不論眼前的環境及條件如何，也不管真正的成本會是多少，它還是期待同樣的結果。

相反地，右腦激發新解決方案，總是在尋找新點子。它不斷告訴左腦放慢腳步，重新審視一次：「我們去吃午飯吧！可以邊吃邊談。先放下一會再說吧。讓我們把一切寫下來，然後看看，到底感覺如何……為何要匆匆忙忙？」

簡而言之，**左腦負責管理生活秩序**，**右腦負責體驗生活**。如果你讓左腦主導生活，你可能會覺得心中總是匆忙、倉皇，試圖追蹤生活中不同部分的狀況，卻鮮少真正活在其中。也許，你會覺得分外有效率，但你也會懷疑，覺得生活好像缺少滋味與生氣。

我們必須更努力將腳步放慢，**將人生頻道轉到右腦**。右腦知道該如何善用情感與聽、看、聞、觸、嚐等五感來體驗生活，而這才會讓生命充滿刺激！

你能利用較少用的那一隻手，將頻道轉到右腦。如果你是右撇子，可以試著用左手簽名、刷牙、撥打電話或傳簡訊。你愈常用較少用的那隻手，就愈能喚醒體內跟右腦的連結。此時，你一定會問，為何我將如何利用右腦這麼重要的訊息，放在本書的這個地方？因為它和本章討論的信仰有關。

我們主要是透過右腦來體驗信仰，右腦打開我們的信仰之窗，讓我們相信肉眼無法看見的事。沒有了信仰，我們無法想像明天的生活會有所不同。左腦不相信信仰，它以理性質疑為何自己不試圖達成目標。信仰並非絕對邏輯、線性或可見的，而這些都是訴諸左腦的特質。我們往往形容信仰是「接觸，而非教導」，因為我們只能感受或體驗信仰這件事，而不能理解。信仰是讓身心安頓的確認，是讓信念堅強的感受。

左腦試圖理解好與壞，它想要相信生活總是有秩序的——如果我這麼做，就會有那樣的結果。左腦想要用理性看待世界，它會問為何壞事會發生在好人身上？**如果我們僅依賴左腦，比較可能會覺得毫無希望，在痛苦時刻或壓力中感到失落。**

此時，便是信仰上場的時候了！信仰比人類的理性更強大、更美好。正是我們的右腦，讓我們體驗到信仰、希望與愛。**右腦讓我們得以相信在這世界上，並非一切都是加法。它讓我們敞開心胸，接受生命帶來最好與最壞的一切**，但在此同時，我們的內心仍舊知道，我們的人生目的不過是宇宙中更偉大計劃的一部分。

我們用左腦來處理大半的人生，試圖在混亂中找到秩序，尋找填補生命空缺的方法，用方程式與慣例來尋找人生的意義與目的。左腦以找到模式與參與熟悉、舒服的活動，來找到慰藉。我希望你能想想，如何能在完整的自我中，體驗到生命意義。我希望你能想想，你的心靈、身體、腦袋與靈魂。

照顧你的身心靈

意義涵蓋的生命面向，不只一個而已。事實上，由於人類被創造得如此獨特且複雜，想要充分體驗人生，表示你得悉心照護到生命存在的每個面向：你的心靈、身體、腦袋與靈魂。

你的心靈，讓你得以了解愛、關係與友誼。在你體驗人生意義、目的、重要性與成就感的經驗中，心靈扮演了重要角色，它讓我們跟家人與朋友產生連結。

你的身體，讓你得以用肉身來體驗生命。身體控制了你可以看、聽、觸、嚐、聞到的東西。而你的腦袋，是身體的硬碟，是生命中化學與電子物質的來源。大腦讓你得以處理並表達想法，這是意識發生的地方；更重要的是，這也是潛意識思維的存在處。

你的靈魂，則是你發現無窮動能的地方，能讓你充滿活力，不斷自我更新。

▼用心參與

人類的心臟很奇妙，在前言中我曾說過，人類心臟隨時都準備好將正確的血液量，在正確的時間點，送到身體所需的部分。我思索心臟的功能，它能接收血液，並送出血液；它既接受，也會給予。

就在這時我想到，若是想創造有意義的人生，我就需要隨時準備好接受愛與給予愛，接受熱情與付出熱情，接受勇氣與提起勇氣，接受感恩與回饋感恩。我們的心靈，既接受，也付出。

當我們說某個東西是一件事的核心，就表示它位在這件事的中心位置。據說，你的內心會顯現出你全部的人格。你說的話，來自你的心。你的心，是你的情感與感覺的核心。意義不只是你做的某件事而已，它是你感受到的東西。我鼓勵大家花時間敞開心胸，為了找到更多的人生意義，你必須用很長的時間將步伐放緩，長到足以讓你能聽到自己的心聲。

▼身體力行

人類身體的設計，是為了要行動的。我們有腳可以走路、跑步與跳舞，我們有手可以拿舉東西、擁抱與服務。

該是讓自己的身體與感官發揮功能，「身體力行」生活中不同活動的時候了！出發。生活。呼吸。感覺。移動。

改變很難。改變自己如何感受情緒的方法幾乎不可能，除非等到你有足夠的體能與力氣來支持這樣的改變。當我跟工作上認識的朋友潔西卡・米勒（Jessica Miller）一起進行這項練習時，她指出，當她身體疲乏時，很難再用心投入。潔西卡有全職工作與兩個小孩，才剛考完一項重要考試，她的工作發展還得看自己是否順利通過考試。

每週花四十個小時在家庭、四十個小時在工作，再用二十個小時來念書，讓潔西卡幾乎沒有時間睡覺。她說：「我意識到，我的身體必須放在第一位。這就好像將我的身體與心理，放在肉體與心理的支付方案中。我需要先付錢給我自己。我需要八小時的睡眠，我需要三十分鐘的運動。當我檢視生活時，我發現自己已經做了很多，我不想只是做更多事情而已，因為我沒有時間再做更多了！我想要變成擁有更多的人。我想要變得不同，變得更好。我希望我的人生更有意義。」

潔西卡提出這樣的看法：「當你決定將任何新事項放到行事曆上時，不論你是否承認，總之有些其他東西，照理就會被排擠到行事曆之外。」不幸的是，我們往往被擠掉的東西，就是睡眠與運動。讓身體與生命重新連結起來的第一步，就是寫下一份計劃，決定自己要如何有意識地讓身體參與生活。

▼動腦人生

用腦參與人生，就像是腳踏車換檔的作用一樣。有許多大腦功能，看起來就像檔位一樣，而我們往往會討論「讓輪子動起來吧！」

有次我們全家一起吃晚餐，我那當時才十一歲的兒子馬克傑，對全家詳述當天在學校發生的事。但是，有句話說到一半，他忽然停住。他的故事說到一半，就忽然停住了！他興高采烈告訴我們這個故事，興奮到完全忘記自己說了什麼。

他無法記起故事說到哪邊，這時，他忽然說：「喔，對了！我猜佛萊迪跌到輪子下了。」「誰是佛萊迪？」我們提出疑問。

他馬上回答：「佛萊迪是活在我腦袋中的倉鼠，牠讓我大腦不停轉動，所以我才會知道自己在說什麼。我猜，剛才佛萊迪大概跌到輪子下了。」

我們全都開始狂笑。當我們還在笑時。傑繼續說：「別擔心！就算佛萊迪跌下來，牠的表弟推克會接棒！」

在我們的腦袋中，佛萊迪一天要跌下輪子幾回？又有多少次表弟推克從未現身？這個有趣的真實小故事，說明人類注意力的持續力如此脆弱，短到甚至讓我們連說完一個刺激點子的時間都不夠。

你的腦袋是一個神經連結的藝術作品，但你的認知處理能力卻很有限。當你了解自己有辦法改變大腦，你就能開始相信這個思維：**如果你願意改變自己的認知，你體驗的生活就能改變。**

你的大腦看到它想看到的、體驗它想體驗的，如果你走在同樣的生活牛徑上長達四、五十年的時間，你就必須靠堅強的意志力與大腦，才能改變自己的思考方式。

▼靈魂交流

此時，你是否覺得有股連結力道，在你的靈魂中蠢蠢欲動？你是否覺得跟自己的信仰徹底連結起來了？或者你發現自己太過於忙碌、專注在洗衣服與工作專案這些事情上呢？你是否屬於那七二・一%的人，了解信仰能帶來有意義的人生呢？當你在規劃一天的行程時，請考慮花點時間跟你的靈魂交流。

本書講了很多部分都在強調實踐，但是讓靈魂重拾能量，則關乎「存在」這件事。你必須「存在」於當下這個時刻，決定要大口呼吸生命。單就「存在」這件事，請確保自己有時間辦到。

心理學家丹・霍姆斯博士提出的「牛徑」理論，曾幫助我了解神經可塑性的概念。我也曾請他協助我了解，在心理學上腦袋與靈魂的差別。他的回答是：「我將腦袋看成是記憶與想法的儲藏室，而靈魂是純粹的意識。在做心理諮商時，我常常聽到人們以複數方式指稱自己，來講述他們在人生中發生的事件。他們會這麼說：『當我讓自己說話如此嚴厲時，我覺得很難過。』請注意在這句話中出現了兩個人，『我』與『自己』。在這個論述中，這兩個人是誰？他們有多麼不同？」

我請他暫停一下，好讓我能想想他可能要講的東西。然後，他接著說：「當我替這個人做心理諮商時，我認為他說的『我』，是指他的靈魂。這個『我』，是他跟理想中的自己之間最純粹的連結。這個『我』活在當下，完全覺醒、意識清楚。這個『我』可以感覺到生命的意義、深度與豐富。而在他內心對話中的那個『自己』，則來自於他的大腦。大腦會為每件事貼上標籤，每個作為不是好，就是壞。許多想法跟過往記憶都有關聯，如果那些記憶是負面的，你的大腦就可能帶你走上憂鬱一途。如果你的大腦花費太多精力專注在未來的話，它可能會讓你過很焦慮的人生。」

我邊聽他解釋，就愈發清楚看到，是我們的右腦在當下體驗到「我」——也就是靈魂。至於大腦——收藏記憶與思維的儲藏室，也就是「自己」，則跟左腦緊密相連。

為了發掘信仰與人生意義，我必須能跟我的靈魂建立連結。當你跟自己服膺的價值觀與人生目的連結起來時，不可能無法重新與你的靈魂建立連結。

在生活中，當我們感到頸後毛髮豎起、渾身起雞皮疙瘩、呼吸變得深沉，或胸中有股感受，讓我們覺得自己重新活過來時，這些都是右腦主導的時刻。就像是初次見到大峽谷的感覺，大自然精心雕刻出的宏偉壯觀震懾了你，提醒你有多麼卑微、渺小。

就像穿石而過揭露出大自然美麗設計的滔滔河水一樣，你也有自己的人生目的要完成。你的信仰將會協助你走在正確的道路上，即便你只能緩緩向前推進，你的信仰會在靈魂深處提醒你，你的人生目的不過是造物主更偉大計劃的一部分而已。

前述這幾項活動，將有助於你加強自己的信仰，讓你重新跟靈魂對話。**請確保在日常生活中，要留些時間做這些事，照顧你的身心靈。**

重新連結你的心靈、身體、腦袋與靈魂

當你看到下一頁的圖表，請你靜下來，花幾分鐘想想，要如何重新跟你的心靈、身體、腦袋與靈魂建立連結。什麼會讓你的人生更有意義？你將如何活出更有意義的生命？你要怎麼做？

一九九九年，吉姆・葛蘭林（Jim Gramling）的妻子薇樂莉不幸在車禍中喪生。她的驟逝令他心碎、備受打擊、失去希望。當我女兒三歲時，我要她畫張畫來鼓勵他。我將她的畫寄給吉姆，並

選擇過有意義的人生

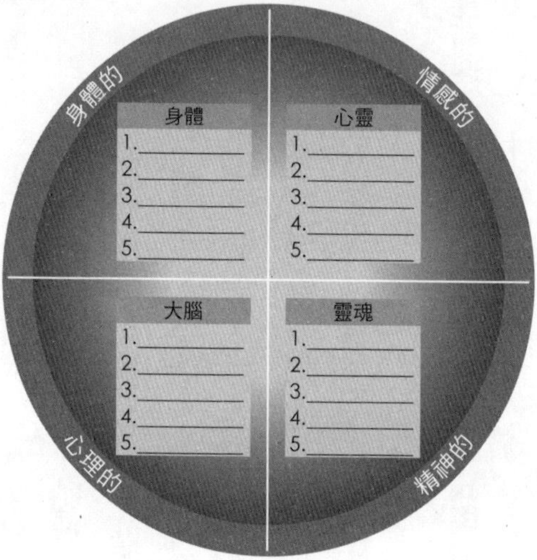

隨信附上一張便條，表達弔唁之意。

不久之前，吉姆跟我說起，在過去這十年來，這種小小的仁慈舉動，對他卻最有意義。吉姆還記得看到大學室友走出車子，來參加妻子的告別式。他幾乎快十年沒見到這位室友，也知道他住在開車要兩小時以上的地方。雖然吉姆未能跟他說上話，但他仍記得朋友的現身，是如此安慰了他。在他妻子逝世一週年紀念日那天，他的朋友普萊思・馬歇爾（Price Marshall）在他家門口留下一朵玫瑰與一張親手寫的紙條。這又是另一個仁慈的小動作，感動了吉姆抑鬱的心。

吉姆坦誠，失去愛妻，讓他對自身信仰的理解感到掙扎不已。他說：「在那時候知道我狀況的人都會告訴我，我的確讓憤怒與困惑徹底佔據了我，至少有一陣子是這樣子。」他辭去工作，除了跑步之外，他什麼也不能做。他一哩又一哩地跑下去，希望疲憊與肌肉痠痛，能減輕自己心痛的程度。

但是，吉姆繼續向下墜落，直到妻子逝世第三年紀念日，他才算跌到谷底。吉姆的信仰故事，其實是個人如何對一切都失去信仰的故事。人生中仍然有問題，是吉姆無法妥協的。他年僅二十六歲就失去父親，三十二歲時失去妻子，兩位姊姊則在跟癌症奮戰。他的憤怒、悲傷與痛苦，不僅讓他質疑上帝，也讓他有一陣子遠離上帝。

然後，在十九個月之後，他跟新任妻子蕾西，歡慶雙胞胎女兒安娜貝兒與瑪德琳的誕生。吉姆表示：「這顯然軟化了我的心。我的意思是，當你走進屋子，聽到兩個聲音，甜蜜地喊出『爸爸』時，誰的心不會融化呢？」

吉姆與蕾西祈禱能有小孩，並經歷了培育試管嬰兒的辛苦。他說：「九個月後，我們發現蕾西又有身孕了！」二〇一一年五月十日，他們的兒子詹姆士・葛蘭林三世（James F. Gramling III）誕生了。

吉姆・葛蘭林今年四十二歲，他經歷過無人願意經歷的人生試煉。當我問他目前的人生與信仰狀況時，他承認即便十二年已經過去，他還是不可能重新回到「正常」狀態了。

他說：「人生是條辛苦的路，我身上有些部分，就顯示出痛苦的結果。因為我承受過這些痛苦，我不太願意敞開心胸暴露自己的脆弱，雖說我應該這麼做的。但身為雙胞胎的父親，再加上小兒子誕生，我愈來愈覺得必須趕緊變成我妻子與小孩的精神領袖。」

我們全不都該有這樣的感覺嗎？我們全不都該感到有更急迫的需求，來了解上帝並被上帝認識？我們一直在尋找無解問題的答案，就像〈馬可福音〉第九章二十四節所說的：「我信，但我信不足，求主幫助。」我們也要吶喊求得信仰。

信仰本身是件恩典禮物。最諷刺的是，當我們最脆弱時，我們便能知道此時上帝最強大。就像許多人一樣，吉姆也在尋找生命難題的解答，他想要重新跟信仰建立連結，他希望能信任上帝。孩子無條件的愛，感動了他的靈魂最深處。也許他們的愛，不僅提醒了他對他們的愛，還有他對天父無條件的愛。

每天，吉姆的大腦，都被數百萬個感官資訊疲勞轟炸。他必須選擇該如何穿針引線，巧妙編織起一切，處理成對他自己最有概念的東西。信仰是可以被學習的，我們的思維與經驗，還有我們對這些經驗的回應，都形塑了我們的信仰。但我們無法透過做完清單後，就能得到信仰。這需要時間慢慢發展，得經得起像是失去摯愛、工作或破產這種狀況的挑戰。

派翠克・歐弗頓（Patrick Overton）這位劇作家與詩人，曾經說過：「**當你來到已知光線的邊緣，準備跌入未知的黑暗中，此時，信仰知道兩件事有一件會發生：『你不是學會穩健著地，就是學會放手飛翔。』**」在信仰中，要向前跨一步，你的人生正在等待著你。

結語

走吧！去做你真正渴望的事

我之所以寫這本書，是因為我希望生命更有收穫。我想要擁有更多希望、更多喜樂與更多意義。我相信明天的生活，能跟今天不一樣。對我來說，**清醒地生活、充滿企圖心、成長與學習、全然投入、堅毅不拔、活在「順流」狀態中、有信仰的人生**，這七大良好的生活狀態，不過只是覺醒、發現新生活的開端而已。

當我身體力行本書的概念，我更加深刻體會到，**活出有意義的人生並非目的地；相反地，有意義的人生是一趟每天都要走的旅程**。這能讓我們在每一天，都活出最精彩的自己，將生命提升到最高境界。這本書就是要讓你自己，享受每一天的每一刻。

請你理解，每七分鐘都是一個重新改造世界的機會。每七分鐘，都是改造你的世界的機會。我們必須選擇，不要讓另外的七分鐘再度被白白浪費掉。生命賦予我們的能量、熱情與深度，並非一定被得終結，七分鐘微行動計畫能協助你在往後的人生中，每七分鐘就能找到意義。

在生活中，我可以感覺到有件非常新的大事即將發生。這個東西有點刺激、有點令人害怕，但絕對令人振奮不已。我希望我已經將這種期望感受分享給你，衷心期盼這本書，能讓你感受到蠢蠢欲動的感覺。

現在，請你重新回想一下凱倫的故事。五十歲那年，她決定玩高空跳傘，這一直是她的夢想。她來到田納西州波利瓦，聽了十五分鐘的訓練說明，然後毅然決然踏上飛機。當你讀完最後這幾頁時，也該是換你踏上飛機的時候了！一旦飛機爬升到正確高度，艙門會打開，你會感到令人精神抖擻的冰冷空氣湧入機艙。就像凱倫的做法一樣，我建議你讓自己被環繞在一群睿智、有才幹的鼓勵者當中。

凱倫跟著跳傘教練，慢慢走到艙門邊。一次一小步——這就是你實踐七分鐘微行動計畫的方式。凱倫向下眺望大地，她感覺自己徹底活了過來。為了蓋過雜音，教練對她大聲喊叫：「將腳趾移到門外！」她照辦了。

現在，就是你向人生要求更多東西的時候了，生命已經準備好應許你的要求。現在，就是將腳趾移到門外來生活的時候了。狂風打在你的臉上，挑戰出現在你的眼前，但請選擇不要害怕這股力量或風險，請準備好擁抱一個充滿意義的人生。

走吧！

附錄

三十一天行動計劃

最多被浪費掉的時間，
就是還沒開始行動的時間。

——陶道森（Dawson Trotman），基督教導航會創辦人這個附錄以三十一天為單位來設計，幫助各位每天跨出一小步向前進。為了充分應用本書的概念及工具，在情感上對自己許諾是很重要的事。

我們相信改變瞬間就能發生，就在你決定改變的那一刻，變化就發生了！但**決定不過是個開端而已，真正的改變是一項過程，就像你埋下種子、細心照料，然後等待收成。**

在這三十一天的行動計劃中，會需要你針對諸多日常活動，將想法訴諸文字，詳盡地記錄下來。我們希望這個附錄，能協助各位讓生活愈來愈成為你理想中的樣子。人生是趟旅程，這只是過程的一部分而已。本書所討論過的工具，各位皆可從 www.The7MinuteLife.com 網站上的會員工具區下載到英文版。七分鐘微行動計畫的概念，還有許多延伸小工具及手冊，各位可在我們的網站上，瀏覽到更多相關訊息。

第一天

檢視你的生活

本日重點：了解你現在的生活狀態。

現在的你，好嗎？

____

____

____

____

____

____

為了開始落實七分鐘微行動計畫，你必須檢視自己的生活狀態，你必須全面評估你的人生，了解自己的長處、天賦，以及眼前的挑戰。你必須了解你現在的身心狀態，這多半從「為什麼？」及「是什麼？」的問題開始。

最基本的問題，就是「我人生最重要的需求是什麼？」**當你展開這趟旅程，你想追求什麼？**很多人追求的是自我價值、人生意義與成就感。生命中有很大一部分，都是基於了解愛人與被愛的需求之上。

檢視你的生活狀態

請評估你現在的狀態，並在欄位中打勾，5是最好的狀態。

	1	2	3	4	5
你是否清醒地生活？					
你有企圖心嗎？					
你是否持續成長與學習？					
你全心投入嗎？					
你經得起磨練嗎？					
你處於「順流」狀態中嗎？					
你有信仰嗎？					

第二天

想像你的目的地

本日重點：三十一天後，你理想中的樣子是什麼？

三十一天後，你想要變成什麼樣子？你理想中的自己，會有怎樣的面貌？你必須了解旅程的開端，但你也必須釐清你想去的方向，只有你才能為自己釐清這趟旅程的終點在哪。

我的朋友柯紀・迪克森（Cozy Dixon）有句名言：「**把電影播完。**」我很喜歡這句話，因為我相信**人生就是一場電影，而我們能夠選擇結局**。就像大畫家一樣，你可以先從一張空白油畫布著筆，先創造出一部分你想看見的未來。

今天，我希望你把眼光放遠一點，想想看你的健康，你的理想體重是多少？你吃了哪些食物？想像一下，你理想中的一天，是幾點起床呢？做了什麼事？幾點上床就寢？你能否評估自己的能量水平有多高？什麼賦予你力量、興奮感與勇氣？這樣的一天，會是怎樣的光景？

現在，給你一把畫刷，請你勾勒出自己的理想人生。你是否能用清楚的筆觸，呈現出你的理想人生？然後，你只需要將油畫掛在牆上，每天看著這幅畫，日復一日、一步步地慢慢朝這個目標前進。你必須從結局回推——你的目的地在哪？

今天的行動步驟，就是在生命的油畫布上，用文字勾勒出你理想的生活面貌。愈明確愈好，用細節詳述你理想中自己的樣子。探究你的心靈深處，找到能喚醒靈魂的東西，並聆聽你理想中的自己，對你所說的話。現在，就請你開始著筆畫出理想人生。

寫下你的理想生活：

第三天

什麼讓你有動力？

本日重點：除了「什麼讓你有動力？」這個問題，還有一個更重要的問題，那就是「讓你不想改變的動機是什麼？」

根據心理學家丹・霍姆斯博士的解釋，了解讓你不想改變的動機非常重要：「問題不在於『什麼讓你有動力？』，更重要的是了解『讓你不想改變的動機是什麼？』」

他的問題讓我明白，**有很多動作與行為，我根本就不想改變，因為我從那些負面行為中仍然得到好處**，如睡眠不足、缺乏健康飲食、缺少運動等。是什麼讓你缺乏改變的動機呢？

我們絕對相信，改變能在一瞬間發生——在你決定改變的那一刻。你是否準備好做出這個決定？這是個簡單的心態，但只有你自己才能做出這個決定。當你決定改變時，你就會有動力去攝取健康食物、獲得充分休息、在行事曆上安排運動計劃，並嘗試新鮮事物。

你為什麼想要改變？你需要更多動力往哪裡走？更多學習？更強的能力？你需要什麼？什麼能讓你感覺更棒、看起來更美、成為更好的人？你是否只關注外在的動力呢？我們相信，人都必須找到驅策自己的內在動力，而所有人都處在可以改變的安全地帶。持續的動力，來自於生命中的一種正確感；當某個活動驅動了你，你就能從那樣的生活方式中拾得內在收穫。

阻礙你改變的事是什麼？

1. ______

2. ______

3. ______

4. ______

5. ______

6. ______

7. ______

8. ______

9. ______

10. ______

第四天
確認你最重視的價值觀

本日重點：優先要務是永不耗盡的燃料。

你的時間及精力都有其限度，所以你必須謹慎考慮，要將有限的時間與注意力資源分配在哪些活動與情感上。**你會訝於發現，自己一直在擠壓最重要的事，將注意力揮霍在毫不重要的事情上**——這就是你必須釐清優先要務的原因，以便運用你僅有的資源。

如果你在第三章還沒勾選過最重視的價值觀，請你翻回第四十一頁，確認你最重視的價值觀。哪些價值觀，是你永不耗盡的燃料？這些基本價值觀，是你生命的核心；它們是你的靈魂，驅策你向前進。

列出你最重視的前十大價值觀，並檢視你如何運用時間，看看你是否用理想的方式生活。另外，請你花點時間想想有哪些方法，可以節省一些不必要浪費的時間，好專注在對自己最重要的事物上。

第五天
想、寫、做

本日重點：我們得將潛意識想法，轉換成有意識行動。

有三個字能永遠改變你的人生：想、寫、做。

首先，你必須放慢生活步調，讓自己有充分的時間，足以思考對你最重要的事。昨天，當你花時間思考最重要的價值觀時，你已經跨出第一步。現在，你需要將潛意識中的概念，轉換成有意識的具體想法。

將你的想法訴諸文字，寫下你在人生中想要成就些什麼。然後，你必須採取行動，落實這些目標與想法，將它們從概念轉換成行動。

你近期有什麼計劃？

想

______

______

寫

______

______

做

______

______

第六天

準備好了才上場

本日重點：期待感受到一股成就偉大的呼喚。

你必須相信自己能有更大的成就發展。你是否感到在心裡與靈魂深處，有股不安的騷動殷殷訴說著：「我已經準備好，讓明天的自己跟今天徹底不同」？準備好了才上場！就像我看到阿肯色州立大學美式足球校隊紅狼隊（Red Wolves），進行練習時必須展現的樣子一樣。

我從美式足球至少學到下列這十五件事：

1. **你必須做好準備**。每天醒來時，你都必須準備好用前所未有的方式來體驗生活。你必須改變心態，相信自己會更變得更好，你必須提升個人信念。
2. **找到一個相信你的教練很重要**。你可以去找誰，讓他教你必要的規則與技巧？
3. **把你扮演的角色長處發揮到淋漓盡致**。在美式足球隊中有許多角色要扮演，每個角色各自不同，每個球員都有不同長處。扮演好你的角色。
4. **人生需要很多訓練與準備**。你是否準備好聆聽內心的招喚，活出偉大人生呢？
5. **你必須忍受在痛苦中成就人生**。踢美式足球很容易受傷，人生無疑地也很容易受傷，你必須願意在痛苦中踢完人生這場球賽。

6. 美式足球員都有作戰策略，**你是否有人生計劃呢？**

7. **你得知道什麼會奏效，並依照你的長處來執行策略。**

8. 美式足球員靠各自的能力與長處，來支撐自己的正面心態。**你是否下定決心成功？你是否一直在增強自己的技能？**

9. 天時地利有時很重要，當球員接到一記漂亮的傳球時，**你必須跑到正確位置準備好。**

10. 在美式足球中，**球員總是不斷努力，持續增強自己的實力。**他們每天練習，讓自己變得更強壯、速度更快、團隊默契更佳。

11. **團隊球員信任自己的隊友。**你是否跟一個團隊共事？團隊中每個成員，是否都知道自己的角色？

12. 美式足球員背後都有股蓄勢待發的力量，**慣性不斷推動他們向前衝。**

13. 美式足球員必須全**心投入球賽**，你鮮少會看到哪個球員在球賽中心不在焉。

14. 美式足球員都**氣宇軒昂地赴賽。**

15. 不論輸贏，他們都全力以赴投入比賽，下場比賽他們依舊亮麗出現。**有時，事情難如你所願，但你就是得再試一次。**

你準備好上場了嗎？

你現在的心態如何？

誰是你的教練？

你的長處、技能有哪些？

你要如何訓練自己，準備好完成更大成就？

你會因為什麼而受傷？有辦法解決嗎？

你要如何執行策略？

你有什麼計劃？

你打算如何增強你的技能？

你的正確位置在哪裡？

你要如何持續改善自己？

你們的團隊如何能持續進步？

什麼讓你有能量與動力，準備好過一個蓄勢待發的人生？

你是否全心投入？

你是否氣宇軒昂地活著？

你準備好了嗎？

第七天
時間的真相

本日重點：時間是供應有限的商品。

時間是有限的，你所做的每個決定，你所耗費的每一分鐘，都是一個抉擇。當你選擇將時間與注意力，放在生活中的「這」件事而非「那」件事時，那件事對你而言就永遠不會存在。**你如何分配時間的選擇，決定了你的人生體驗。**你利用時間的方式，將會影響你如何執行策略與體驗人生，並決定你是否感到快樂或悲傷、生活是否充實、能否找到生命的意義。正面選擇會讓你充滿能量與意義；負面選擇會讓你感到壓力、干擾、混亂與混淆。請看看下頁這張圖表，你如何利用時間呢？

請根據你的優先要務，把必要活動所需的時間標示出來，如睡眠時間、吃飯時間、運動時間等。將對你重要的項目放進行事曆，你還得將時間分配給工作，看看剩下多少時間能從事其他活動。

請睿智地選擇如何運用剩餘時間，並確保你已經撥出時間給對自己最重要的事。時間有限，你每天做出的決定都很重要。

你如何管理時間？

○ 睡眠時間	○ 跟朋友相處的時間
○ 水攝取量	○ 反省時間
○ 運動量	○ 花費的金錢
○ 食物攝取量	○ 看了多少電視？
○ 讀了哪些書？	○ 花多少時間整理混亂的辦公室？
○ 跟家人共處的時間	○ 花多少時間整理混亂的住家？
○ 花多少時間在電腦上？	○ 花多少時間工作？
○ 花多少時間在嗜好上？	

第八天
個人充電時間

本日重點：你一直想要真正的改變，現在是時候了！

一年有三六五天，我們鼓勵大家將一年一%的時間，也就是約四天或每季一天的時間，來規劃你的生活。

我們建議你排定時間讓自己脫離平常熟悉的環境，利用這段時間來更新優先要務、重新發掘人生目的、設定未來九十天的個人與工作目標、擬定「未完成事項清單」、檢視「心理雜務清單」，並自問一些重要問題，如在未來的九十天內，需要做些什麼才能跟以往不同？你需要跟誰聯繫？如何執行下一季的想法與策略？

排出個人充電時間

日期：______

時間：______

地點：______

第九天

了解你的人生目的

本日重點：前後一致。

你的人生目的，就是你對他人的貢獻、你如何服務周遭世界、發揮天賦與才能來改變世界的方式。愛，就是人生目的的基礎。

你這輩子所為何來？你喜歡做些什麼？你的長處是什麼？你的朋友最愛你哪點？你做了什麼，來幫助自己的生活過得更有意義？你得從寫下你在生命中熱愛的東西，來開始進行這項練習。

我在尋找人生目的時，都會暫停一下，想想我在生活中熱愛哪些事物。清單上的首位，是我對上帝的信仰。第二與第三，是我的丈夫與小孩。第四是成長、學習與閱讀。第五是透過寫作來分享。第六是創造。第七是進行讓我有成就感的工作。另外，我還多寫了一件事是平靜。這些都是我生命中的鍾愛，你的是什麼呢？

我在不到七分鐘的時間，就找到了我的人生目的。也許，你需要比較長的時間。請拿出紙筆，回答「我的人生目的是……」這個問題，寫下你內心深處的生命鍾愛。

找到你的人生目的

人生目的，就是你對他人與世界的貢獻。
人生目的，就是你發揮天賦與才能來改變世界的方式。
愛，就是人生目的的基礎。

我的人生目的是……

____

我熱愛

1.________________
2.________________
3.________________
4.________________
5.________________
6.________________
7.________________

價值觀

1.________________
2.________________
3.________________
4.________________
5.________________
6.________________
7.________________

到了 85 歲，我知道自己已經透過下列這些事落實人生目的：

____

簽名　　　　　　　　日期

第十天

設定九十天的個人目標

本日重點：九十天後，你想要成為怎樣的人？

無論你喜不喜歡，九十天很快就會到來。不論你有沒有目標，九十天依舊會來了又去。但若是你已經知道九十天後你想成為怎樣的人，並且能應用「想、寫、做」的原則，你就擁有更大機會變成理想中的自己。

請翻回第五章第一一二頁，寫下至少七項你想在未來九十天內完成的目標。請以現在式寫出個人目標，彷彿它們已經發生。例如，這些目標可以是：「我現在擁有一生中最棒的身材。我的社交關係很健康、充實。我跟所愛的人共同分享有品質的時光。我家裡很乾淨，毫不雜亂。我每個月都讀一本書。」

我們輔導、訓練過許多人，很多人的優先個人目標之一，便是擁有一生中最棒的身材。如果這也是你的目標的話，你可以用現代式如此寫道：「我現在擁有一生中最棒的身材。」但是請注意，落實目標需要行動，所以每個目標的下方，都會有五欄可以寫行動步驟。

也許多年來，你早已知道需要採取哪些行動，差別在於你是否真正投入時間做這些事。

第十一天
設定九十天的工作目標

本日重點：溝通工作目標非常重要。

設定工作目標很重要，別人幫你設定目標跟你為自己設定目標非常不同。當你設定未來九十天的工作目標時，請確認這些目標符合你的優先要務與人生目的，並設定能激發你工作能量的目標。你自己設定的九十天工作目標，不必然得完全符合別人為你設定的目標。

同樣地，請翻回第五章第一一三頁。那張表夠你寫下七個目標，下方還可以寫下五個行動步驟。如果你是團隊領導者，我們認為你可以用兩種不同方式來使用該頁工具：設定你自己的工作目標，為團隊設定目標。我們發現，以每九十天為單位，僅設定一個、二個或三個目標，會很有幫助。

你需要向團隊清楚說明這些目標，並規劃具體、易懂的行動步驟。如果你是團隊領導人，請設定清楚的九十天工作目標與行動步驟。如果你是團隊成員，請要求你的主管在下次部門會議時，進行這項練習。利用時間進行腦力激盪，討論你們可以採取的十五項行動步驟，請發揮你的創意。

第十二天

寫出你的未完成任務

本日重點：列出未完成事項清單，會協助你向前進。

決定要做哪些事很重要，但總會因為不同原因，有些事就是無法做完。大衛・艾倫（David Allen）在《搞定！》（*Getting Things Done*）一書中，稱未完成工作為「開放性迴路」（open loops）。「開放性迴路」會在你潛意識不斷盤旋，定期跳入你的意識區裡。一旦你記得有項工作尚未完成，大腦就會專注在這件事上，催促你將它完成，而且是立即就去做。也許你可以像趕蒼蠅一樣成功擺脫這股衝動，但它會不斷送出干擾訊號到潛意識，讓你感到不舒服。這股督促會不斷持續下去，直到事情做完為止。

在任何一個工作日，你可能會有三、五十件尚待完成的工作。不論這些工作的規模或範疇有多大，它們都會對你造成壓力。這些未關閉的迴路持續打斷你的集中力，將你的焦點從手頭上的工作拉開，導致產生焦慮。**這就是為何將未完成事項放入一張清單如此重要的原因，這樣你就能終結開放性迴路的循環，讓心裡平靜下來。**

未完成工作任務

未完成的任務為你的生活帶來壓力及混亂。

任務	行動
1.	
2.	
3.	
4.	
5.	
6.	
7.	
8.	
9.	
10.	
11.	
12.	
13.	
14.	
15.	
16.	
17.	
18.	
19.	
20.	
21.	
22.	
23.	
24.	
25.	
26.	
27.	
28.	
29.	
30.	

未完成家事任務

未完成的任務為你的生活帶來壓力及混亂。

任務	行動
1.	
2.	
3.	
4.	
5.	
6.	
7.	
8.	
9.	
10.	
11.	
12.	
13.	
14.	
15.	
16.	
17.	
18.	
19.	
20.	
21.	
22.	
23.	
24.	
25.	
26.	
27.	
28.	
29.	
30.	

第十三天
每天完成兩件任務

本日重點：未完成事項會耗盡你的能量與能力。

大腦的能力有限，即便你現在回想起昨天列出的「未完成任務清單」，你全身上下就會產生一種還有很多事得做的感覺。

你的任務清單上，可能會有五十到一百件工作，甚至更多。有些項目可能已經出現了好幾個月，甚至好幾年。你的下一件工作，便是將這些清單，依優先順序排出前十大任務。然後，許諾自己在未來五個工作天中，每天完成兩件待辦任務。

請記得，想要改變，微行動比較不會令人喘不過氣來。在你的行事曆上，依據你認為完成每件任務所需時間來敲定時程表，然後排定明確時間，以啟動並完成某項任務。當你確實完成工作後，你會發現自己有更多能力與能量，來琢磨全新的創意點子。

如果你每天都能完成一、兩件待辦任務的話，一、兩個月內，你清單上所有工作就都會做完。你會發現自己有時間與全新的心理能量，專注在跟你的目標更接近的新任務上。

第十四天
排除心理雜務

本日重點：心理雜務是障礙。

心理雜務是個障礙，阻擋你蛻變成理想中的自己。檢視心理雜務，你需要自問：「生活中有哪些事，是我正在忍受的？有哪些事我延宕不做？哪些事拖累了我，阻擋我變成理想中的自己？」這跟「未完成任務清單」略有不同，因為這可能包括情感議題在內。

當你開始處理「心理雜務清單」時，不必得立刻採取行動擺脫這些雜務。你只需要花點時間，搞清楚自己究竟在忍受些什麼。這些心理雜務，往往包括那些讓你心浮氣躁、煩惱、焦慮、感到壓力與分心的事。

我們一次只能專心在一件事情上，但是當你寫下讓你煩心的事時，可能就會發現自己已經開始在潛意識中慢慢處理這些問題。你可能會找到新的解決之道與點子，將這些困擾你的心理雜務排除到生活之外。

無論是一段需要修補的關係，或是一個需要做出的困難決定，請你都為自己花一點時間，寫下一份「心理雜務清單」，確認是哪些事情牽絆住你，讓你無法發揮自己的全部潛力。

心理雜務清單

家裡與工作上

逃避、拖延、分心、猶豫不決。

你的生活因為什麼而混亂，讓你倍感壓力呢？

問題	行動
1.	
2.	
3.	
4.	
5.	
6.	
7.	
8.	
9.	
10.	
11.	
12.	
13.	
14.	
15.	
16.	
17.	
18.	
19.	
20.	
21.	
22.	
23.	
24.	
25.	
26.	
27.	
28.	
29.	
30.	

第十五天
大腦具有可塑性

本日重點：科學已經證明大腦具有彈性，是可以改變的。明天的你，真的可以跟今天不一樣。

自一八〇〇年代起，神經可塑性這個概念就已經存在，不過透過電腦斷層掃描、單光子放射斷層掃描與功能性核磁共振攝影的了解，這個概念獲得更多科學認可。科學家現在能夠檢視大腦的物理構造，進一步了解大腦的「連線」狀態。

為了了解神經可塑性，請你想像失去你的視力。你大腦內控制視覺神經與影響視力的部分，很快就會因為缺乏使用而開始萎縮。

大腦是個不用就會斷掉的迴路，你愈是依賴特定連結，它們就會變得更強大；當你不再使用它們時，不論是什麼理由，你的大腦就會馬上利用這些「空間」，進行其他必須的資料處理。掌控聽覺的細胞，體型將會開始擴大，佔據更多的空間。觸覺、記憶與嗅覺也一樣，所有這些知覺將會逐漸在大腦中佔據額外空間。

因為神經可塑性的關係，你最常做的事情，會開始變成大腦最常使用的東西。

你的想法與行為，決定了你是怎樣的人

1. 你最近專注在什麼事情上？

2. 學習能夠改變大腦，你必須專注在學習的東西上。本週你將學習什麼？又將閱讀什麼？

3. 你可以透過重複做法來修正行為。你想要修正哪些行為？運動、睡眠？或是你想精進哪些技能或嗜好？

第十六天

注意力

本日重點：你一次只能專注一件事。

善用你的注意力

你想更關注哪些事情？

1. ______________________

2. ______________________

你要減少對哪些事情的關注？

1. ______________________

2. ______________________

所謂的「關注」，就是指你必須將注意力集中在諸多事物的其中一件，意味著將精神從某些事物上抽離，以俾有效處理其他事。專注與分心，剛好是兩個相反的作用。我們一次只能專注在一件事情上；我想問你：今天，你想將注意力集中在哪件事上呢？

我們的時間與能力都有限，你做出的每個決定，都會影響你的注意力走向。在你學習如何一次只做一件工作時，你也會變得更有效率、生產力更高。

第十七天

列出五項高價值活動

本日重點：集中你的注意力。

選擇將全部的注意力一次只聚焦在一件事情上是項技能，它會立即改善你的時間管理效能與生產力。當你將注意力集中聚焦時，你也能大幅強化完成個別任務與專案的能力。

經過前面十六天，你已經愈來愈清楚何者對你最重要。我們都是根據自己的價值觀、優先要務、設定的目標而做出選擇。我們必須了解自己的人生目的，才能決定將注意力聚焦何處。

既然這些事情都已經被寫下來了，你可以像調整收音機一樣，妥善分配你的注意力。你可以把對你最重要的事情音量調大聲，將較不重要的事情音量調小聲。

我們一次只能專注在一件事上面，**請你列出五項高價值活動，哪些事情是你每天都想聚焦的呢？**

第十八天

每日進度報告

本日重點：重複做，能讓你成功。

「每日進度報告」這張表格，讓你的每一天都能有清楚的架構，從「十一點前五件事清單」、必須聯絡的人、未完成任務到花費掉的金錢等，我們相信光是靠這張紙，就能提升你的效率及生產力。時間管理技巧讓你能有效率地利用一天中的分分秒秒，聚焦完成具有高價值的優先要務。人生是一連串的選擇，你可以選擇過一個有秩序、高生產力、成效卓著、感覺很棒、壓力較少的生活。

這一切都從學習如何設定每一天的行動開始，方法便是決定每天要完成的最重要工作。「每日進度報告」這張表，重新回到「想、寫、做」的原則上，要求你不光只是提早思考要完成的目標，還要寫下「十一點前五件事清單」，然後將清單上的事情付諸實現。**結束每天的必要工作，能讓你感到一股成就感，對生活感到更滿意。**

善用「每日進度報告」這張表格，將能協助你的大腦找到需要與渴求的架構，以俾更有效率地運作。

每日進度報告

日 一 二 三 四 五 六 ___/___/___
○○○○○○○ 日期

日常事務及聯絡

1. ______
2. ______
3. ______
4. ______
○5. ______
6. ______
7. ______
8. ______
9. ______
○10. ______
11. ______
12. ______
13. ______
14. ______
○15. ______
16. ______
17. ______
18. ______
19. ______
○20. ______
21. ______
22. ______
23. ______
24. ______
○25. ______

早上 11 點前的 5 件事

1. ______ ○
2. ______ ○
3. ______ ○
4. ______ ○
5. ______ ○

重要聯絡人

1. ______ ○
2. ______ ○
3. ______ ○

未完成任務

1. ______ ○
2. ______ ○
3. ______ ○
4. ______ ○
5. ______ ○
6. ______ ○
7. ______ ○
8. ______ ○
9. ______ ○
10. ______ ○

開銷

項目 金額

1. ______ ○
2. ______ ○
3. ______ ○

水

早餐 午餐 晚餐

點心 點心

睡眠 小時 運動 分鐘 思考 分鐘 閱讀 分鐘

我今天完成計劃了嗎？ 是 否

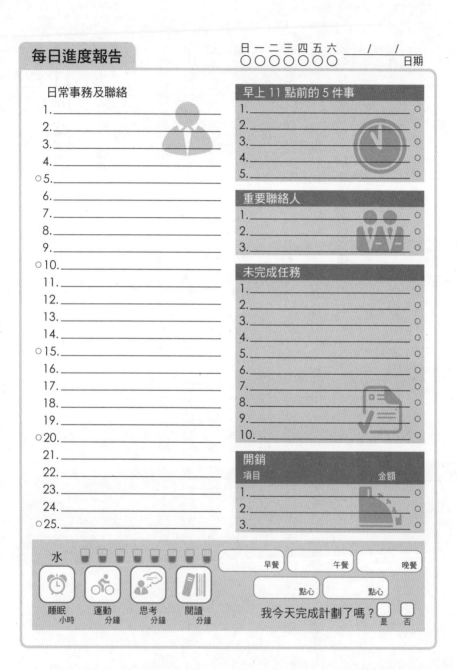

每日進度報告

會議

7:00 ______
8:00 ______
9:00 ______
10:00 ______
11:00 ______
12:00 ______
1:00 ______
2:00 ______
3:00 ______
4:00 ______
5:00 ______
6:00 ______
7:00 ______
8:00 ______
9:00 ______
10:00 ______

感謝函

1. ______ ○
2. ______ ○
3. ______ ○

語音信箱

姓名	電話
•	
•	
•	
•	
•	
•	
•	
•	
•	
•	
•	
•	
•	

第十九天

十一點前的五件事

本日重點：每天早上十一點前完成五件高價值的工作，

在未來的九十天內，你就等於是向前跨出四百五十個積極的步伐。

「十一點前五件事」這張清單，讓你每天都有一份書面行動計劃，你就不會持續陷入只能被動回應生活的狀態中。每天結束之際，你看著這張清單，對每件事回答「已完成」或「未完成」，就這麼簡單。

改變人生的第一步，就是選擇改變。在跨出這一步後，你必須一小步、一小步地往前走，以便達到目標。很多人總是活在被動回應生活的狀態中，沒有很多時間確認哪些日常工作能帶著自己朝目標前進。

「十一點前五件事清單」，讓你許諾自己每天採取微行動，讓你每天都能更接近成功。一次次微小的勝利，能讓你持續保持動力。

在忙碌的生活中請為自己花點時間，釐清在工作與家庭生活中，哪些該優先行動。我們在輔導企業主管時，發現他們往往為了救火忙到焦頭爛額，以致忘記最初讓自己成功的基本行動。

第二十天

重要聯絡人

本日重點：連結讓人生更有意義。

在第七章，我已經請你花時間就工作與私人生活中，列出三十個重要的聯絡人清單。科技悲哀的一面，就是常常讓我們孤立於生命最有意義的部分之外。透過簡訊、推特與臉書，我們孤立自己。

許多人現在每天在電視機前耗上大把時間，反而不跟人們面對面接觸。**七分鐘微行動計畫的重要概念之一，就是要確保你在家庭與工作生活中，花時間與人共處，這能讓你的生活更加圓滿。**

如果你還沒做過的話，請回到第一四九頁，擬定在未來九十天內，你在工作與私人生活中需要聯絡的人兩張名單。

第二十一天
追蹤進度

本日重點：你將變成你所做的事與你所追蹤的一切。

追蹤是對自己負責要最先採取的步驟之一。你是否意識到自己每天的運動量？你知道自己喝了多少水？吃了什麼？睡了多久？看了哪些書？花了多少錢？

在「每日進度報告」第一頁的最下方，有好幾個小方塊，可以讓你追蹤自己的活動。這個小區塊可以當成心理驅動器，來提醒你哪些東西對身體健康很重要。

你花費金錢的方式，在你的生活體驗中扮演了重要角色。飲水充足在確認你擁有所需能量上扮演了重要角色，睡眠、休息、運動、反省、透過閱讀來持續學習等，也都各自為身心靈帶來動力。

開始追蹤你每天的行為，了解你每天花多少時間在什麼事上，掌握你的進步狀況。

- 透過書面文字的追蹤，你馬上就知道自己的進展。
- 每週追蹤一、兩件事情，讓你更清楚自己的習慣。
- 你可以再利用第七天的清單，選擇你要追蹤的事項。

第二十二天

送出感謝函

本日重點：常懷感恩之心。

一封親筆簽寫的感謝函，能帶來的影響令人驚訝。我保存了許多過去收到的親筆感謝函，只因為這些卡片帶著個人私密的本質。

今天，就請你去買感謝卡與郵票，花點時間親手寫三封感謝卡給三個人。下列是文字範本，你會寫給哪些人？

親愛的　　　　：

我寫這張卡片給您，不為別的理由，就是為了向您表達感激之意。謝謝您跟我們做生意，也謝謝您對我們的信心。有機會做您的生意，是我們的榮幸，我認為您是我們最有價值的客戶之一。

如您有需要，我隨時為您提供服務。再度感謝您讓我們有機會贏取您對我們的信任與信心。

順頌

籌祺

敬上

第二十三天　排序、組織、簡化

本日重點：簡化。

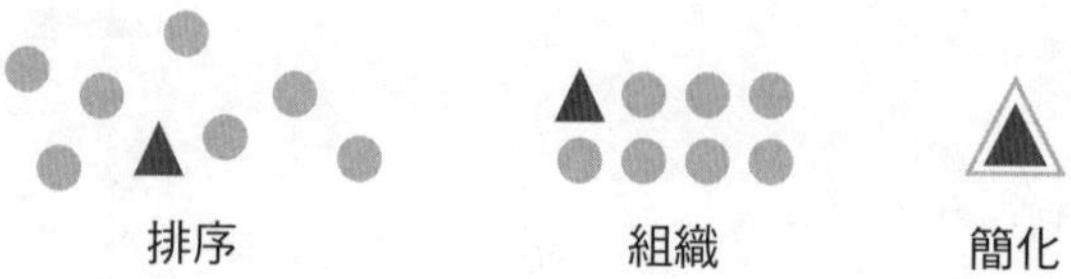

上面這張圖，是七分鐘微行動計畫的重要概念，告訴你本書諸多觀點應用後對生活的改變。

許多人發現自己陷在一團混亂、困惑與不斷分心的漩渦中，他們感受到同時被許多不同力道拉扯的情緒壓力。本書的工具提供你一套可以組織想法與每日活動的架構，幫助你活出一個更一致、有意義的人生。

對我來說，最重要的是了解我每天真的不需要再做更多。相反地，**當我明確知道自己需要做什麼，透過生活的簡單化，我的努力反而能變得更有成效。**

在「每日進度報告」第一頁的右下角，你會看到這個問題：「我今天完成計劃了嗎？」答案是「有」或「沒有」。請你回溯上一週的生活，你是否採取了可以達成目標的步驟？你是否？將時間花在你認定的優先要務上？請不時查閱你的九十天工作目標、九十天個人目標，看看你寫下的人生目的，確保自己聚焦在最重要的事情上。

這本書的目的，是協助各位脫離生活中的混亂，整齊有序地組織生活。我們的目標是要將一切簡化成一張行動計劃，所以一日將盡之際，各位就可以自問這個簡單問題：「我今天完成計劃了嗎？」

一切可以簡化到只用「有」或「沒有」來回答。神奇的力量在於說到做到，Nike「做就對了！」的口號家喻戶曉，我們想要協助你將生活簡化到「我做到了嗎？」

接下來，請你想想在家庭生活與工作上，你理想的一天會是什麼樣子？請用細節描述。你幾點起床？穿什麼衣服？做什麼事？跟誰在一起？完成了什麼事？你完成當日計劃了嗎？

你理想中的一天

工作上理想的一天

____

____

____

____

____

____

____

____

家庭生活中理想的一天

____

____

____

____

____

____

____

____

第二十四天

創造出最佳生活

本日重點：了解「順流」狀態的意義。

米哈里・契克森米哈賴在一九九〇年出版了《快樂，從心開始》一書，旋即成為全美暢銷書。隨著我愈來愈了解這個概念，我發現人生中有很多事情，會影響你是否進入「順流」狀態。

人類渴求學習、成長與擴展視野，想要體驗「順流」狀態，目標扮演了非常重要的角色，擁有清楚的目標非常重要。專心一致、將全副注意力集中在某件事情上，是「順流」狀態的本質。**當你進入「順流」狀態，時間彷彿靜止不動，你會徹底活在當下，專注於手頭上的工作，以致工作本身就已經是收穫。**

上次你感覺自己進入「順流」狀態，感受到生命充滿意義、從潛意識中感到莫名的興奮與欣喜，是多久以前的事？「順流」狀態能讓我們超越自己，讓我們全然感覺到何謂天命。在人生的「順流」中，時間跟自我都消失不見，這是非常有趣的現象。

形容你想要的最佳人生

上次你覺得這真是「人生最棒的一天」，是多久以前的事？

今天早上醒來時，你有什麼感覺？

什麼能讓你一早醒來，覺得「生活美妙」呢？

你是否清楚你的人生目的？

什麼能夠驅動你？

你為何願意這麼努力工作，你幾時覺得自己進入黃金地帶呢？

你是否活在最佳的生活狀態中？

第二十五天

閱讀

本日重點：讀書能改變大腦結構。

你餵養大腦的東西，會改變大腦的實體結構。閱讀正確的書籍，有助於你變成理想中的自己。

你可以將大腦想像成是只行李箱，你塞進裡面的東西，就會變成行李箱的一部分。你選擇如何塞滿行李箱？

我想用書本塞滿我的行李箱，來刺激我的想像力，讓我的靈魂展翅翱翔。我想要透過讀書向他人學習，讓他們教導我勇氣，用毅力度過人生中的艱難時刻。

最好的閱讀方式，就是有紀律地閱讀，每天固定讀十頁。這樣以一個月三十天來算，每三十天你就能讀完一本三百頁的書，這將會改變你的人生。

與朋友分享書中的想法，將會提振你的信心，讓你有機會成長與學習。你可以利用 www.audible.com 等網站的付費服務，每月下載一定數量的有聲書。電子書是另一個很棒的點子，但你也有可能像我一樣，比較喜歡實體書的觸感及使用。不論哪種方式，請將閱讀變成生活不可或缺的一部分。

第二十六天

清理空間

本日重點：混亂，是橫亙在你與目標之間的障礙。

該是整理空間的時候了！桌上那疊文件都是你的待辦事項，但你還沒有真正採取行動。將散落各處的文件整理好放在一起，在行事曆上排時間來處理每一份文件，看是要歸檔、丟掉，還是採取行動。

為了打造出你的效率空間，你要重新整理你的電子郵件與電腦中的資料夾。有必要的話，採購能讓你更有效率的文具，如便利貼、馬克筆、釘書機、迴紋針、印表機備用墨水等。好好整理你的檔案，將最重要的文件按適當順序排好。**整理並簡化你的工作空間，會讓你節省許多時間、變得更有效率。花在這上面的時間，是很值得的投資。**

雜亂、延宕、未完成的專案、不良的工作流程、爆多的文件等，都是很常見的狀況。幫助你打造一個乾淨、井然有序的工作空間，是我們的目標。下列這張十步驟的清單，只是個起頭而已，讓你能開始簡化並改善每天的工作環境。

十步驟，打造你的效率空間

1.____整理你的桌子與書櫥。從桌面開始著手，然後是每個抽屜，連舊檔案夾也要整理。

2.____設定減少辦公用紙量五〇%的目標。如果一份檔案或文件，對幫助你達成目標沒有必然益處，請你讓自己能自由丟棄。

3.____下定決心，每份文件只能翻閱一遍。請別讓未完成事情依舊沒有完成，選擇要馬上處理、交辦給其他人、丟棄、銷毀，或者在你的行事曆上排定時間完成。

4.____整理你的電子郵件信箱，包含收件匣、寄件匣與垃圾桶。

5.____打電話給客服專線，解決任何還沒徹底解決的煩人電腦問題。

6.____確定自己沒有遺漏任何書面往來。你已經寫完所有信件與感謝函了嗎？列出清單，在行事曆上排定明確時間，來完成這些工作。

7.____丟掉所有對業務成長不再有用的舊訓練教料與文件夾。

8.____丟掉所有不再有用的東西，如老到快跑不動的筆記型電腦、鋼筆，與任何早已過時或壞掉的機器與物件。

9.____把在辦公室偶爾有需要、卻總是找不到的有用東西，集中收在一個盒子裡，如 OK 繃、藥膏、梳子或刷子、除臭劑、乳液、釘子、螺絲起子等。找個地方，把它們全部放在一起。

10.____丟掉雜亂的東西後，請再花點時間徹底清理整個辦公室，將傢俱、植物、相框上的灰塵撢乾淨。把抽屜裡面擦乾淨，再用吸塵器打掃桌面下方的空間。擦一下你的隔板，換掉燒壞的燈泡。再擦一下你的辦公傢俱，然後把窗戶擦乾淨。

關鍵在於每週固定安排一小時的時間整理，維持工作環境的整齊乾淨。

第二十七天

整修房子、保養汽車

本日重點：損壞的東西會造成不必要的壓力。

你家裡房間的燈泡，是否有不亮的呢？與其花個兩分鐘換燈泡，你是不是索性走到另一間，或者打開另一盞燈？

該是時候將家裡及車上該修的東西，列出一張清單、好好維修的時候了！**先列出完整清單，再依照優先順序，敲定時間約人進行維修。**

水龍頭漏水很久了？那就打電話給水電工，把水龍頭修好吧！想想看在這之後，會讓你感到多麼舒服。

維修清單

需要修理什麼？

______

______

該聯絡誰？

______

______

電話號碼

______

______

預估費用

______

______

第二十八天

對自己負責

本日重點：你必須找到人來協助你對自己負責。

為了學習、成長，我們必須不斷挑戰自己接受新專案與要務。有些人可能會覺得這是孤獨的過程，我們發現，**若是能找到人一路陪伴你踏上這趟旅程，將會很有幫助。**

請組成一個四到五人的專家團隊，在接下來的三個月內，每個月跟他們進行一次電話會議，選擇一個你願意負起責任的主題，向他們請益。

你會找誰加入專家團隊？

姓名	電話號碼
1.	
2.	
3.	
4.	
5.	

第二十九天
最後一碼線

本日重點：有始有終，走完旅程。

在我寫的《七分鐘的差異》這本書中，有一整章都在討論突破人生最後一碼線的意義。許多認識我的人都知道，我是個瘋狂的美式足球迷。我喜歡看球賽，因為裡面充滿了許多非做不可的戰術決策。我喜歡競爭與跟競爭有關的一切。

如同我在第八章提過的，有時球員就是無法衝破最後三十六吋的距離，成功達陣得分。這些球員有著超過三百多磅的剽悍體型，正處於一生體能最佳的狀態中。這讓我忍不住要大喊：「大塊頭！再往前靠一點，再衝過去一點，就會突破達陣區啦！」但是，他們面臨如此強大的阻力，就是無法突破那最後三十六吋的距離。

然後，我看看自己的人生，不禁想：「妳知道嗎？這麼多年來，妳的表現都不賴，但妳就是從未真正觸地得分，妳就是從未真正達陣過。」

下列來自《七分鐘的差異》這本書，是我討論最後一碼線的概念所能分享的最好例子：

阻礙你的因素？

____

____

____

____

____

這個現象不只在美式足球中可以看到，在商業世界，有個傳統智慧是這麼說的：儘管許多企業主管能將專案完成到九八%的程度，僅有少數人能真正完成那最後二%。

在工作上，我總是會看到這二%的準則不斷出現，人們在職場與個人生活中締造了真正的成就與成長，但就是未能真正完成他們的目標。他們表現優異，卻未曾真正全面實現自己的潛能。他們似乎就是無法突破那最後一碼線，無法達到自己的巔峰。

截至目前為止，你已經走完二十八天的旅程。今天，我們就要帶你走完這最後三十六吋的距離，協助你突破生命中的那最後一碼線。我們想要幫助你組織生活，讓你養成值得一再重複的習慣與流程。**我們想做的一切，就是協助你將混亂排除在生活之外，好讓你能向前推進，衝破最後三十六吋的距離，成功達陣、實現你的理想。**

第三十天

服務他人

本日重點：人生不是只有關照自己，更要服務他人。

七分鐘微行動計畫有一部分，是要你去服務他人。這個概念講的是服務、愛人、連結、分享與成長這些事，幫助你深入探索自己的心靈、了解自己的天賦與才能，找到最能驅動自己的動力。

你會發現，服務他人、付出努力，不僅能讓世界變得更美好，也會讓你的生命充滿意義與成就感，進入「順流」狀態中。

為了創造出最佳生活，我們必須深入探索自己的內心與靈魂，活出符合自己珍視價值觀的人生。

你要如何服務他人？

你要服務誰？

___

___

___

如何服務？

___

___

___

第三十一天

你學到什麼？你打算怎麼做？

本日重點：想、寫、做。排序、組織、簡化。

改變能在瞬間發生，在你決定的那一瞬間。

你打算做哪些事？

1. ______
2. ______
3. ______
4. ______
5. ______
6. ______
7. ______
8. ______
9. ______
10. ______

最後一天了！現在輪到你，整理好所學的一切，決定如何採取行動。

人生不光是活在規劃當中，更要去實踐。想法讓我們體驗人生，將想法記錄下來也是個令人享受的過程，但最終我們還是要靠落實想法來創造人生。

你的最後一個行動步驟，就是去做。

國家圖書館出版品預行編目（CIP）資料

從 1% 的選擇開始，去做你真正渴望的事：每天 7 分鐘的微行動，在追求中釐清優先順序，每個選擇都能為人生加分／艾莉森・路易斯（Allyson Lewis），安德魯・福特（Andrew Ford）著；顏和正譯. -- 第 3 版. -- 臺北市：天下雜誌股份有限公司，2021.08
304 面；14.8×21 公分. --（心靈成長；78）
譯自：The 7 Minute Solution: Creating a Life With Meaning 7 Minutes at a Time
ISBN 978-986-398-698-0（平裝）
1. 自我實現　2. 生活指導

177.2　　110010021

心靈成長 078

從 1% 的選擇開始，去做你真正渴望的事

每天 7 分鐘的微行動，在追求中釐清優先順序，每個選擇都能為人生加分

The 7 Minute Solution: Creating a Life With Meaning 7 Minutes at a Time

作　者／艾莉森．路易斯 Allyson Lewis
譯　者／顏和正
封面設計／DiDi
內文排版／顏麟驊
責任編輯／賀鈺婷

發行人／殷允芃
出版部總編輯／吳韻儀
出版者／天下雜誌股份有限公司
地　址／台北市 104 南京東路二段 139 號 11 樓
讀者服務／（02）2662-0332　傳真／（02）2662-6048
天下雜誌 GROUP 網址／ http://www.cw.com.tw
劃撥帳號／ 01895001 天下雜誌股份有限公司
法律顧問／台英國際商務法律事務所．羅明通律師
製版印刷／中原造像股份有限公司
總 經 銷／大和圖書有限公司　電話／（02）8990-2588
出版日期／ 2021 年 7 月 28 日第三版第一次印行
定　價／ 350 元

書號：BCCG0078P
ISBN：978-986-398-698-0（平裝）
直營門市書香花園　地址：台北市中山區建國北路二段 6 巷 11 號
電話／(02) 2506-1635

天下網路書店　http://shop.cwbook.com.tw
天下雜誌我讀網　http://books.cw.com.tw/
天下讀者俱樂部　Facebook　http://www.facebook.com/cwbookclub